KB261700

자녀 교육에 등골 휘는 부모들의 자화상

# 에듀푸어

**초판 1쇄 인쇄** | 2013년 12월 10일
**초판 1쇄 발행** | 2013년 12월 16일

**지은이** | 임진국 추정남 채진솔 김나영 김현아
**펴낸이** | 박영욱
**펴낸곳** | 북오션

**경영총괄** | 정희숙
**편집** | 임은희 · 이준호
**마케팅** | 최석진 · 김태훈
**표지 디자인** | 서정희
**본문 디자인** | 임덕란
**법률자문** | 법무법인 광명 대표 변호사 안성용

**주　소** | 서울시 마포구 서교동 468-2번지
**이메일** | bookrose@naver.com
**페이스북** | bookocean
**전　화** | 편집문의 : 02-325-5352　　영업문의 : 02-322-6709
**팩　스** | 02-3143-3964

**출판신고번호** | 제313-2007-000197호

ISBN 978-89-6799-029-9 (13320)

*이 도서의 국립중앙도서관 출판시도서목록(CIP)은 e-CIP홈페이지(http://www.nl.go.kr/ecip)
　와 국가자료공동목록시스템(http://www.nl.go.kr/kolisnet)에서 이용하실 수 있습니다.
　(CIP제어번호 : CIP2013024905)

# 에듀 푸어

임진국 · 추정남 외 지음

북오션

# 자녀 교육에 등골 휘는
# 우리 시대 부모들의 자화상

－우종순 (《아시아투데이》 사장 · 편집인)

'현대 경영학의 아버지'로 불렸던 미국의 경영학자 피터 드러커는 《자본주의 이후의 사회 $^{Post-Capitalist Society}$》라는 책 서문에서 한국의 교육열을 칭찬했다.

역사적으로 기록된 것 중 한국전쟁 이후 40년 동안 한국이 이룩한 경제 성장에 필적할 만한 것은 없으며, 특히 교육에 대한 투자로 그렇게 풍성한 수확을 거둔 나라도 한국밖에 없다는 게 요지다.

이렇듯 한국의 교육열은 남다르다. 우리나라 초 · 중 · 고교와 대학의 공교육비 민간 부담률이 12년째 경제협력개발기구 $^{OECD}$ 회원국 중 1위를 이어가고 있는 것이 그 방증이다.

그러나 이런 교육열이 요즘은 부정적 단어로 쓰이고 있다. 바로 '에듀푸어' 현상 때문이다. 자녀 교육비에 월급의 반 이상을 쓰며 빈곤해진 사람들을 일컫는 신조어다.

일본과 미국의 베이비부머들은 50대가 되면서 돈을 모두 통장 안에 집어넣었다. 이런 행동은 일본의 '잃어버린 20년', 미국의 금융 위기를 만들었다.

일본 경제가 고공 행진을 하던 1980년대는 일본 베이비부머들이 왕성한 소비를 하던 30대였다. 그러다 이들이 40대가 된 1980년대 말부터 경제가 흔들리기 시작했다. 50대가 된 1990년대 중반부터 악몽은 시작됐다. 이들이 자신들의 노후 대비를 위해 지갑을 닫고 저축하는 분위기로 돌아서면서 일본의 부동산 거품은 꺼졌고 '잃어버린 20년'의 역사가 시작된 것이다.

미국도 마찬가지다. 1946년부터 1964년 사이에 미국에서는 7800만 명이 태어났다. 조지 부시와 버락 오바마 대통령, 스티브 잡스, 빌 게이츠가 모두 이 시기에 태어났다.

2007년, 1년 후 미국을 뒤흔들 금융 위기의 전조가 나타나기 바로 직전까지 이들 세대는 엄청난 주식 자산과 토지를 보유하고 있었다. 30년만 일하고 노후에는 여행이나 다니며 인생을 즐기자는 게 일반화된 인식이었다. 그러다 2008년 리먼 브라더스 사태가 닥쳤다. 주식과 집값이 반토막 나면서 베이비부머들은 소비보다는 저축을 택했다. 미래가 불투명해졌기 때문이다.

3차까지 이어진 양적 완화에도 미국 경제가 바닥을 치고 올라오지 못하는 'R<sup>리세션</sup>의 공포'는 바로 베이비부머의 소비 하락이 만들어낸 작품이다.

그러나 한국은 좀 다르다. 50대가 되어도 돈을 쓴다. 노후를 준비하기 위해 저축을 하는 것이 아니라, 오히려 자녀 교육에 투자하느라 빚을 지는 경우가 더 많이 발생한 것이다.

한국의 자랑이었던 '교육열'이 한국의 아버지들을 빚쟁이로 만드는 역사적 순간이다. 이들이 자녀 교육비 때문에 빚을 지는 건 돈이 없어서라기보다는 교육비로 들어갈 돈이 많아서이다. 내 자녀에게는 더 좋은 교육 환경을 마련해 주어 나처럼 살게 하지 않고 성공시키겠다는 목표 의식의 반영이다. 그러나 그 목표를 실현시켜 줄 만큼 주머니 사정은 여의치 않다. 금융 위기 이후로 저성장과 경기 침체가 계속 이어졌고 소득이 줄었기 때문이다.

푸어가 진짜 가난해서 '푸어'라는 이름이 붙여진 게 아니란 말은 여기서 나온다. 목표나 기대치를 조금 낮추거나 돈으로 교육시킨다는 생각의 관점만 조금 바꾸면 자녀 교육도, 부모의 노후 대비도 성공적으로 달성할 수 있다. 이 책에 바로 그 방법과 노하우가 담겨져 있다.

# 목 차

## 3장 에듀푸어 벗어나, 스마트한 노후 준비하기



**에필로그**

# 1장

# 빈곤의 악순환

끊임없이 양산되는 푸어 세대의 눈물

현재 대한민국은 '푸어 전성시대'라고 해도 과언이 아니다. 베이비푸어를 시작으로 에듀푸어, 하우스푸어, 리타이어은퇴 푸어, 실버푸어까지 셀 수도 없다. 이럴 때일수록 삶의 그늘에서 우리가 찾아야 하는 것은 솔로몬의 지혜와 같은 바람직한 대안의 모색이다. 지금 상황에서 가장 필요한 것이 무엇인지를 고민하고 묘책을 마련해야 푸어가 아닌 리치로 살아갈 수 있다.

특히 자녀 교육에 목숨 거는 한국의 중장년층은 이제부터라도 자녀를 위한 올바른 소비 패턴 변화를 통해 스마트하고 행복한 노후를 준비해야 한다.

# 에듀푸어 벗어나
# 행복한 노후 준비하자

　'월급은 통장을 스쳐 지나가는 숫자에 불과하다' 라는 직장인들 사이의 우스갯소리가 있다. 문제는 이것이 꼭 우스갯소리만은 아니라는 데 있다. 사회 초년생부터 기업 임원까지 빚을 지고 살아가지 않는 사람들이 거의 없기 때문이다.

　현재 대한민국은 '푸어 전성시대' 라고 해도 과언이 아니다. 베이비푸어를 시작으로 에듀푸어, 하우스푸어, 리타이어<sup>은퇴</sup> 푸어, 실버푸어까지 셀 수도 없다.

　성인이 되어 사회로 나가는 순간, 즉 대학생이 되면서부터 대한민국 국민은 빚을 지고 살아야 한다. 하늘 높은 줄 모르고 치솟는 대학 등록금 때문에 융자 받은 학자금 대출을 갚느라 대학생 5명 중 3명은 공부보다 알바에 더 많은 시간을 소비하고 있다.

　대학을 졸업해도 경제적 독립은 어렵다. 계속 학자금을 갚아 나가야 하는 경우가 많고 취업난으로 직장을 얻기가 쉽지 않기 때문이다.

　간신히 잡은 알바 혹은 비정규직 자리도 월급이 채 100만 원이 안 된다. '88만원 세대' 라는 말이 나온 것도 이런 이유다.

용케 정규직으로 들어간다 해도 결혼을 준비하며 웨딩푸어로 전락할지 모른다. 전세 구하기가 하늘에 별 따기이다 보니 전셋값은 날이 갈수록 뛰고 신혼부부 전세 자금 대출이라도 받아야만 겨우 10여 평이 조금 넘는 집을 구할 수 있다.

자녀까지 생기면 또다시 빚을 져야 한다. 산후조리원 비용에 출산용품, 병원비만 해도 1000만 원을 훌쩍 넘고, 아이가 커 갈수록 늘어나는 교육비는 노후 대비에 가장 큰 적이 된다.

이런 상황에서 은퇴 설계나 저축 등은 꿈 같은 이야기다. 보험도 들지 못한 상태에서 덜컥 큰 병이라도 걸리면 회복 불능의 낭패에 빠진다.

이럴 때일수록 삶의 그늘에서 우리가 찾아야 하는 것은 솔로몬의 지혜와 같은 바람직한 대안의 모색이다. 지금 상황에서 가장 필요한 것이 무엇인지를 고민하고 묘책을 마련해야 ‘푸어’가 아닌 ‘리치’로 살아갈 수 있다.

특히 자녀 교육에 목숨 거는 한국의 중장년층은 이제부터라도 자녀를 위한 올바른 소비 패턴 변화를 통해 스마트하고 행복한 노후를 준비해야 한다.

2010년 한국과 미국, 일본, 독일에서 60세 이상의 퇴직자를 대상으로 노후에 가장 중요한 수입원이 무엇인지 조사했다. 우리나라의 경우 ‘자녀 도움’이라는 응답자가 30%를 차지했다. 1980년 72%보다는 크게 줄었지만 미국이나 일본, 독일 등 선진국의 1%에 비하면 매우 큰 비중을 차지한다.

미국이나 일본, 독일 퇴직자들의 주수입원은 연금이었다. 60~80%가 연금으로 생활한다. 이들 국가는 이미 고령화 사회를 거치며 노인이 노인을 부양해야 하는 사회를 경험했다. 나이가 적은 노인은 이제 더 이상 노인이 아니어서 연금 외에 제2의 직업을 가져야 했다.

우리나라도 고령화 사회로 접어들면서 제2의 직업, 연금 정책 전환, 퇴직 연령 전환 등 여러 정책을 쏟아내고 있지만 현실 상황과 맞지 않는 경우가 많다. 서양 국가들에서 이런 상황이 가능한 것은 이 나라들의 사회적 분위기도 한몫했기 때문이다.

우리나라의 경우 노후 자금을 제대로 모으지 못하는 가장 큰 이유가 자녀 교육비와 결혼 비용 때문이다. 하지만 선진국에선 부모들이 도와줘야 할 영역이 아니다. 유교적 세계관이 강한 우리나라와 일본의 경우 대학 졸업까지는 부모가 자녀를 의무적으로 책임져야 한다는 인식이 높다. 하지만 미국의 경우 대학 입학과 동시에 자녀들은 독립을 해 스스로 융자를 받거나 돈을 벌어 대학을 다닌다. 취직 후에도 자신들이 융자를 갚아야 한다는 생각이 지배적이다.

결혼 비용에 있어서도 마찬가지다. 서양은 말할 것도 없고 일본에서도 젊은 세대는 결혼 비용을 스스로 해결한다. 약간의 물질적 도움이라도 받으려면 눈치를 보다가 도와주면 감사히 받겠다는 식이다. 하지만 한국의 경우는 대학 등록금은 물론 결혼 자금까지 대부분 부모가 해결해 주는 것이 당연하다고 인식된다.

이제부터 그런 패러다임을 전환해야 한다. 사회적 의식 구조 개선은 이 시대 부모 한 사람 한 사람의 생각을 바꾸는 데서 출발한다.

한 연구소의 조사 결과, 자녀 교육비와 은퇴 준비 사이에서 가장 많은 갈등을 겪고 있는 베이비붐 세대<sup>1955~1963년 생</sup>의 64%는 자녀 교육이 은퇴 준비보다 더 중요하다고 여기는 것으로 나타났다.

은퇴 준비가 자녀에 대한 투자보다 중요하다고 응답한 비율은 35.4%에 그쳤다. 그러나 같은 베이비붐 세대라도 아직 현역에서 활동하고 있는 사람들과 이미 은퇴한 이들의 생각은 크게 달랐다.

비은퇴자의 66%는 자녀에 대한 투자를 자신의 은퇴 준비보다 우선순위에 놓았다. 은퇴 대비가 더 중요하다는 사람은 34%에 불과했다. 반면 은퇴자는 자녀에 대한 투자와 자신의 은퇴 준비의 비중을 각각 50%로 동등하게 생각했다.

막상 은퇴하고 보니 자녀에게 올인한 결과가 자신의 노후에 크게 득이 되지 않는다는 것을 깨달은 것이다.

지금부터라도 태어나서 관에 들어갈 때까지 '푸어'라는 이름을 달고 살아가게 만드는 주범인 자녀 교육과 은퇴 준비 사이의 균형을 맞추는 방안을 좀 더 진지하고 적극적으로 고민할 필요가 있다. 무엇보다 자식 교육에 올인하는 습성과 아무 대비 없이 은퇴해 무작정 자녀에게 의존하며 빈곤하게 사는 악순환의 고리를 끊어야 한다. 그러려면 가장 먼저 우리 스스로 의식 전환을 할 필요가 있다.

이번 장에서는 끊임없이 악순환되고 있는 푸어 세대의 종류와 양상을 두루 살펴보고자 한다. 이 책의 제목인 '에듀푸어'란 사실 워킹푸어, 하우스푸어, 실버푸어 등 다양한 푸어 개념과 별개로 볼 수 없기 때문이다. 서로가 서로를 강화하며 끊임없이 '푸어의 늪'에 빠지게 한다. 따라서 이들 개념을 제대로 숙지하고 올바른 해법을 설정하는 지혜가 필요하다.

# '아기는 태어날 때 탯줄을 끊고 돈줄을 붙인다?'

## : 베이비푸어



인터넷에서 출산 준비물 목록을 살펴보니 선물 받은 몇 개 품목을 제외하더라도 비용이 만만치 않다.

'배냇저고리, 손싸개와 발싸개, 내복, 기저귀, 젖병, 물티슈, 소독 기구, 욕조, 손수건, 면봉, 온도계, 겉싸개, 유모차, 카시트……'

'유기농' '프랑스산' 같은 고급 제품을 선택하지 않더라도 족히 200만 원은 넘게 나온다.

인터넷으로 출산 준비물을 주문하고 병원을 찾은 진영 씨. 그동안 병원에 지불한 진료비를 계산해 봤다. '산전 검사, 입체 초음파 검사비, 임신 당뇨 검사, 목투명대 검사, 태동 검사, 분만 전 검사, 철분 주사, 내진……' 등 다양한 명칭으로 구성된 수많은 검사에 들어간 비용은 100만

16

원이 훌쩍 넘었다. 여기에 출산 수술비와 입원비를 합하면 병원에 300만 원이 넘는 돈을 내야 한다.

### ● 아기를 낳고 2주간 산후조리원 생활을 한 박진희 씨[32·가명]

집으로 퇴원하는 길에 남편에게 들은 산후조리원 비용을 듣고 깜짝 놀랐다. 기본 비용 237만 원에 그동안 받은 마사지며 피부 관리 비용으로 90만 원을 더 냈단다. 집에 돌아와 아이를 안고 있으니 다시 직장으로 복귀할 길이 막막하다. 친정어머니는 너무 멀리 계시고 시어머니는 허리가 아프시다. 인터넷으로 아이를 돌봐 주는 베이비시터를 찾아보니 9시 출근 6시 퇴근에 월 130만 원이란다. 퇴근이 늦어 시터가 일을 더하면 추가 비용을 지불해야 한다.

### ● 8개월 된 아이를 키우고 있는 이소라 씨[31·가명]

아이가 커 갈수록 장난감과 교구비가 만만치 않게 든다. 치아가 날 때쯤에는 발육기, 색을 구별할 때쯤에는 형형색색 장난감이 필요하다. 일어나 앉기 시작하면 보행기가 필요하고 책 읽는 연습도 시켜야 한다.

돌아다니며 밥 먹는 아이를 앉혀 교육시키려면 유아용 식탁 의자도 필요하고 쑥쑥 크는 아이 옷도 자주 바꿔 줘야 한다. 분유와 기저귀에 드는 돈을 보면 '분유 값 번다' '기저귀 값 번다'라는 말이 왜 생겨났는지 뼈저리게 실감된다. 한 달 평균 육아에 드는 비용만 200만 원이 넘는다.

## 소득의 40% 이상이 육아비로 지출되는 베이비푸어 가정

'아기는 태어날 때 탯줄을 끊고 돈줄을 붙인다'고 했던가. '베이비푸어'는 말 그대로 출산과 육아에 드는 비용이 너무 많아져 빈곤층으로 전락한 사람들을 지칭한다. 전문가들은 특별히 사치를 하지 않아도 소득의 40% 이상이 육아비로 사용되는 가정을 '베이비푸어'로 진단한다.

많은 이들이 베이비푸어로 전락하는 이유는 취업난과 늦은 결혼으로 아이를 늦게 가진 데다 불안정한 직장 생활 속에 임신을 하게 되는 사회 구조적 문제 때문이다. 신입사원 월급이 평균 200만 원이라 하면 속된 말로 '퉁' 치거나 마이너스 통장 인생으로 전락한다.

맞벌이라도 하면 괜찮다. 하지만 상황은 그렇지 못하다. 대졸 이상 학력을 가진 여성이 30세에 출산할 경우 5216만 원의 사회 비용을 포기해야 한다는 연구 결과가 있다. 아이를 낳은 뒤에도 취업 상태를 유지하는 것이 힘들고 취업하더라도 수입이 예전보다 훨씬 줄어들기 때문이다.

또 하나 육아 비용이 증가하는 이유는 인터넷 발달로 인한 부모들의 불안감 때문이다. 인터넷은 1990년 이후 빠르게 대중화됐다. 사람들은 책이나 전문가의 조언보다 손쉽게 정보를 얻을 수 있는 인터넷을 이용하게 됐고 '파워 블로거'라는 이름의 엄마들이 올려놓은 정보를 그대로 받아들이는 경향이 만들어졌다.

파워 블로거들은 블로그를 통해 좋고 값비싼 제품을 소개했고, 그들에 의해 전파된 수십만 원을 호가하는 전집과 교구는 필수 육아용품이 됐으며, 놀이 학교와 영어 유치원은 어떤 경제적 대가를 치르더라고 무조건 보내야 하는 필수 코스가 돼 버렸다.

'친환경'과 '유기농'이란 문구가 붙어 있지 않은 유아용품은 팔리기 어려운 상황이 됐고, 이에 편승한 유아용품 기업은 앞다투어 고급 제품으로만 물건을 만들게 됐다.

수입품 시장이 확대된 것도 같은 이유다. 우리 아이가 영어 유치원을 다니지 않거나 친환경 제품을 먹지 않으면 뒤떨어질 것만 같은 불안 심리가 육아 비용의 상향 평준화를 조장한 것이다.

## 베이비푸어 막기 위한 사회적 안전망 시급

베이비푸어를 양산하지 않기 위해서는 정부와 기업의 노력이 선행돼야 한다. 먼저 기업은 육아 휴직 제도의 개선, 출산 전후의 휴가 확대, 직장 보육 시설 설치, 유연 근무제의 활성화 등 직장 환경 개선을 위해 노력해야 한다. 그리고 정부에서도 무상 보육과 출산 장려 지원금, 양육 지원금 같은 정책으로 보조를 맞춰 줘야 한다.

국가 재정 압박이 있다면 지원금을 줄이는 대신 일할 수 있는 사회 시스템을 마련해 주는 것도 좋은 방법이다. 일본의 경우 육아 문제로 휴직에 들어가는 여성의 공백을 메울 수 있도록 다른 여성 인력을 파견해 주는 인재 뱅크를 설립할 예정이란다.

육아 휴직 3년 보장으로 저출산 문제를 해결하는 동시에 육아를 끝내고 일자리를 찾고자 하는 여성을 인재 뱅크를 통해 적극 흡수해 직업을 제공하는 시스템이다.

유럽처럼 단시간 근로자라도 정규직으로 전환하는 규정을 도입하는 것도 고려해 볼 만하다. 근로 시간이 짧더라도 고용 보장과 승진, 복리 후

생 같은 모든 조건에서 일반 근로자와 차이를 두지 않는 것이다. 이렇게 하면 여성 근로자들이 출산이나 육아로 경력을 단절시킬 필요가 없어진다. 맞벌이 가정 또한 비교적 안정적으로 아이를 양육할 수 있는 선순환 구조다. 우리에게도 이런 제도가 시급하다.

직장 내 어린이집 설치를 장려하는 정책도 필요하다. 미국과 프랑스의 경우 시설 설치 비용의 25%에 세금 공제 혜택을 부여한다. 싱가포르 등 일부 국가에서는 기금을 조성해 비용의 일부를 환불해 주고 있다.

하지만 우리나라는 아직 의무 사업장 대상 10곳 중 3곳이 어린이집을 갖추지 못한 상황이다. 의무화 기준을 높이는 동시에 세제 혜택이나 자금 지원 등을 통해 직장 어린이집을 확대해 가야 한다는 이야기다.

# 먹고살기도 빠듯한데
# '대전동 아빠'가 될 수밖에 없는 현실
## : 에듀푸어

● **고3, 중3, 중1에 재학 중인 3남매를 둔 박순례 씨**[45ㆍ가명]

순례 씨는 자녀들 사교육비로만 한 달에 160만 원을 지출한다. 고3 딸의 영어 과외비 40만 원, 수학 과외비 30만 원, 언어 과외비 20만 원만 합쳐도 90만 원이다. 집에서는 공부가 잘 안 된다고 해서 매달 10만 원씩 하는 독서실까지 끊어 주니 고3 딸에게만 딱 100만 원이 들어간다.

고등학교 진학을 앞둔 중3 아들과 중1 딸을 월 30만 원씩 하는 종합학원에 보내고 나면 생활비조차 빠듯하다. 남편이 집에 가져오는 월수입은 350만 원 정도지만 생활비에 마이너스 대출 빚 갚고 부모님 생활비, 주택 대출 이자까지 내고 나면 더 숨통이 조여진다. 그런데도 박씨는 '고등학교 진학을 앞둔 중3 아들에게 영어 과외를 못 시켜 줘서 마음이 불편하다'고 한다. 최근 박씨는 대형 마트의 캐셔 아르바이트 자리를 알아보고 있다.

김 과장은 요즘 점심시간만 되면 쏜살같이 달려 나간다. 직원들이 식사하자는 것도 마다하고 그가 달려가는 곳은 대치동 은마아파트 주변 부동산중개소. 매일 시세를 따져 보고 제일 작은 평수가 얼마인지 알아보지만 나오는 건 한숨뿐이다. 현재 살고 있는 경기도 주택보다 훨씬 비싸지만 이달 말에는 꼭 대치동으로 이사 오리라 다짐한다. 그는 지금 소위 말하는 '대전동 아빠 자식 교육을 위해 서울 대치동에 전세를 사는 아빠'를 계획하고 있다.

같은 회사 지점장 아들이 대치동 중학교에서 과학고로 입학하는 것을 보고 김 과장은 마음을 굳혔다. 무조건 대치동 입성이다. 다른 과장들과 지점장이 추천해 준 좋은 학원과 공부방 이름을 적은 리스트를 휴대전화 메모함에 저장했다. 부동산중개소에서 점심시간을 모두 보낸 김 과장은 편의점에서 삼각김밥을 먹으며 흐뭇한 미소를 짓는다. 중학교 입학을 앞둔 아들에게 대치동 입성이 '터닝포인트'가 될 것이라 믿어 의심치 않기 때문이다.

## 학력 중시 풍조 속에 나날이 늘어나는 에듀푸어 세대

서연고, 서성한, 중경외시, 건동홍, 국숭세단…… 얼핏 보면 시조처럼 보이는 이 단어들이 한국 사회의 단면을 적나라하게 보여 준다. 서울대, 연세대, 고려대 등 흔히 말하는 SKY 대학부터 서강대, 성균관대, 한양대 등 이름만 들어도 알 수 있는 대학들의 앞글자를 따 '서열'을 매긴 것이다. 우스운 얘기지만 대한민국에서 입시를 치른 사람들은 결코 편안히 웃을 수 없는 이야기다. 우리 사회에 만연한 '학력 중시 풍조'를 그대로 내포하고 있기 때문이다.

입시를 앞둔 자녀들의 부모는 자식을 조금이라도 서열 '높은' 대학에 보내기 위해 에듀푸어가 되기를 자청한다. 에듀푸어란 자신의 수입에 비해 과다한 비용을 교육비로 지출해 경제적 곤란을 겪더라도, 자녀만은 조금 더 성적을 올릴 수 있는 학원에 보내야 하는 사람들이다.

현대경제연구원에 따르면 우리나라의 '에듀푸어' 가정이 82만 가구를 넘은 것으로 추정되며 계속 증가 추세라 한다. 에듀푸어가 증가하는 가장 큰 이유는 우리 사회에 만연한 '학력 중시 풍조' 때문이다. 기업들이 입사 원서를 받을 때 대학 서열대로 등급을 매기고, 누군가를 처음 만날 때 어느 대학을 나왔는지부터 물어보는 사회적 관습 등 우리 사회에 뿌리 깊이 박혀 있는 학력 중시 풍조에 대한 인식 개선이 우선되지 않으면 '에듀푸어' 문제는 해결될 수 없을 것이다. 결국 부모들은 좋은 학벌이 자녀들의 미래 소득과 사회적 지위를 결정한다고 믿기 때문에 조금이라도 더 서열이 높은 대학에 진학시키기 위해 혈안이 돼 교육비를 투자한다.

## 공교육 혁신과 사회적 인식 전환이 급선무

에듀푸어가 양산되는 또 다른 이유는 취약한 공교육 시스템에 있다. 사회적으로 공교육에 대한 불신이 확산되어 있는 상황에서 유일한 대안은 사교육밖에 없기 때문이다. 아이들이 학교에서는 잠을 자고 학원에 가서 수업을 듣는다는 얘기는 이제 일상이 되어 버렸다. 공교육이 사라진 자리를 메우기 위해 혁신 학교 등 공교육의 새로운 변화가 시도되고 있지만, 사교육에 대한 막강한 의존도에서 쉽사리 탈피하기는 어려울 것으로 보인다.

증가하는 에듀푸어의 확산을 막기 위해서는 사회 전체의 노력이 필요하다. 취직할 때 어느 출신 대학인지부터 점검하는 자기소개서보다는 그 회사에 맞는 인재를 뽑기 위한 노력이 필요하다. 블라인드 채용 제도<sup>면접관에게 지원자의 학력을 공개하지 않는 것</sup>를 실시하는 기업들이 좀 더 많아져야 한다.


## 고졸 취업 늘리고 공교육 질을 높이는 시스템 강화

고졸 채용을 늘려 사회에 만연한 학벌주의 풍토를 완화시키는 것도 좋은 방법이다. 특성화고와 마이스터고<sup>산업 수요 맞춤형 고등학교</sup> 등 고졸 취업자가 바로 일자리를 얻어 취직할 수 있도록 경쟁력을 확보해 주면 대학 진학으로만 몰리는 병리 현상이 점차 줄어들 것으로 보인다.

가장 필요한 것은 취약해진 공교육의 내실화를 꾀하는 것이다. 주요 교과목의 수업 수준을 높이면 사교육 의존도를 지금보다 많이 완화시킬 수 있다. 국어·영어·수학 등 사교육 수요가 높은 과목들에는 실력 있는 전문 교사들을 배치하는 것도 하나의 방법이다. 방과 후 수업에 사교육계에서 일명 '스타 강사'로 불리는 전문 강사들을 초빙해 사교육 혜택을 받지 못하는 학생들도 수업을 받도록 해야 한다. 경쟁력이 요구되는 영어의 경우 대학 재학생이나 졸업생, 한국어와 영어를 잘 구사하는 교포 1.5세 등을 보조 교사로 활용한다면 사교육 부럽지 않은 공교육 수준을 갖출 수 있을 것이다.

# 대학 졸업장과 맞바꾼 학자금 대출
## : 캠퍼스푸어



● 서울 소재 K대학교 2학년에 재학 중인 김아란 씨[22] · 가명

아란 씨는 다음 학기 등록금 걱정에 밤잠을 설치기 일쑤다. 지금도 두 개의 아르바이트를 하고 있지만 350만 원의 등록금을 내기엔 턱없이 부족하다. 가정 형편이 좋지 않아 부모님에게 손을 벌릴 처지도 못 된다. 휴학을 하든지, 정부 학자금 대출을 이용해야 한다.

거기다 아란 씨는 이미 1학년을 다니는 동안 학자금으로 약 1300만 원을 빌려 썼다. 이제 겨우 대학 2학년으로 혼자 살고 있는데 자기 이름 아래 큰 빚이 쌓여 가는 현실이 무섭고 두렵다. '언젠가 갚을 수는 있는 걸까? 영영 못 갚으면 내 인생은 어떻게 되는 걸까?' 불안하기만 하다.

## ● 1년 전 전남 C대학 졸업, 아직도 구직 중인 이한진 씨 [26 · 가명]

최근 우울증에 시달리고 있는 이한진 씨는 학자금 대출에 기대어 학교를 다녔다. 매월 원리금 상환 날짜가 다가올수록 마음이 급해져 아무데라도 취업하고 싶어진다. 또 다른 한편으로 빚을 빨리 청산하고 제대로 살려면 연봉이 높은 대기업에 취업해야 한다는 생각도 든다.

매일 도서관에서 자소서[자기소개서]를 작성해 제출하고, 인적성 시험을 준비하는 한진 씨는 자신의 이런 불안한 마음 상태의 원인이 4년 내내 빌려 쓴 4000만 원 상당의 학자금 대출 때문이라고 털어놨다.

"제게 지금 남은 건 대학 졸업장과 맞바꾼 대출금밖에 없습니다. 빚이라도 없으면 이렇게까지 취업 준비가 불안하고 힘들진 않을 거예요. 이자 상환 때문에 아르바이트라도 하려 들면 주변에선 '아르바이트 할 시간에 정규직으로 빨리 취업하는 게 백배 낫다'고 핀잔을 줘요."

그는 아르바이트를 할 수도 취업 준비에만 매달릴 수도 없는 진퇴양난의 상황에 빠져 있다. 우울증이 생겨 잠도 잘 오지 않고 집에 들어가 가족들을 마주하고 싶지도 않다.

## ● 서울 사립 S대학에 재학했던 김인선 씨 [22 · 가명]

인선 씨는 최근 자퇴를 하고 편입 공부를 하고 있다. 비싼 등록금을 도저히 감당할 수가 없어 도중에 학업을 그만뒀다. 학자금 대출을 받으려 했지만 성적 기준선을 넘지 못해 그마저도 탈락됐다. 편입 목표는 등록금이 싼 국립이나 시립대학이다. 등록금이 사립대의 반 정도밖에 안 되는 국립, 시립대학에 다니는 것이 마지막 방법이라 생각한 것이다.

그 이후 도서관에 틀어박혀 편입 공부에 박차를 가하고 있다. 국립·시립대학교가 딱히 더 우수하다고는 할 수 없지만 그에게는 지금 상대적으로 등록금 부담이 덜한 대학이 필요할 뿐이다.

편입 선배들 중에는 인선 씨와 같이 등록금 때문에 편입을 선택한 이들이 몇 명 더 있다. 그들은 등록금 부담 때문에 소위 간판 값이 덜 나가는 대학에 역편입하기도 한다. 대학 졸업장을 따기 위한 어쩔 수 없는 선택이라고 한다.

공부를 잘해 소위 명문 대학 진학이 가능한 성적이 나와도 면밀히 고려해야 할 것이 있다. 연간 등록금 1000만 원 시대에 '나는 학교가 요구하는 등록금을 충당할 수 있는가'가 무엇보다 중요하기 때문이다.

## 학자금 대출 갚느라 졸업 후 더 가난해지는 빈곤층

'캠퍼스푸어'는 학자금 대출을 통해 등록금을 충당하는 학생들로, 졸업을 해도 취직이 되지 않아 빚만 남게 되고 그나마 취직해도 대출금을 갚고 나면 쓸 돈이 없어 빈곤해지는 사람들을 일컫는 말이다.

1990년대에 비해 2000년대에는 IMF의 여파로 경제적 여유가 없는 가계에서 자란 학생들이 많았다. 때문에 자녀들의 대학 교육비가 준비되지 않은 가정이 대부분이었다. 이럴 경우 학생은 온실 속의 주입식 입시 교육만 받다가 아무런 독립적 경제력을 갖추지 못한 채 스무 살이 되어 사회에 내던져진다.

스무 살이 된 학생들은 성인이라는 미명 아래 뭔가 제 손으로 자생할 수 있을 것 같지만 그러기엔 등록금의 문턱은 너무 높기만 하다. 대학 입학 때 인생 처음으로 대출을 받는 이들이 많은 것이다.

정부는 2005년부터 학비 마련이 어려운 학생들에게 학자금 대출을 해 주고 있다. 그러나 이를 제대로 갚지 못해 법적 조치를 당하는 인원과 금액이 늘어나고 있다는 조사가 나왔다.

학자금 대출을 못 갚아 법적 조치를 당한 인원은 2011년 1012명에서 2012년 1807명으로 늘어났다. 2011년 68억 9200만 원에서 2012년 110억 8200만 원으로 액수도 늘어났다. 지난 2009년에 비해서는 3배가량 늘어난 액수다. 저축 은행이나 대부업 대출 잔액까지 합하면 잠재적인 '캠퍼스푸어'는 더욱 많을 것으로 예상된다.

## 대출 이자 완화, 등록금 인하 조치 등 법제화 필요

학자금 대출의 가장 큰 문제는 금리다. 학자금 대출 사업은 2009년 2학기부터 교육과학기술부<sup>현 교육부</sup> 산하 한국장학재단에서 주관하고 있다. 학자금 대출 금리는 당초 5.8%에서 기준 금리 인하를 반영해 3.9%까지 낮아졌다. 하지만 장학재단 출범 이전 주택금융공사에서 시행한 정부 보증 학자금 대출은 2005년부터 2009년 1학기까지 시행됐는데 이는 최저 6.58%에서 최고 7.8%까지 적용됐다. 한번 적용된 금리는 최장 20년 동안 변동이 없다는 폐단이 있다. 이때 4년간 대출된 금액은 7조 7727억 원이다.

한국장학재단의 금리는 조금 떨어졌지만 시중 은행 금리가 2~3%대인 것을 감안하면, 학자금 대출의 금리가 낮다고 할 수 없다.

정부 보증 학자금 대출, 장학재단 학자금 대출 모두 3개월 이하 연체 시 연 15%, 3개월 이상 연체 시 연 17%의 금리를 책정하고 있다. 20%에

육박하는 금리는 '공공기관'이 책정한 금리라고 하기에는 지나치게 높다고 할 수 있다. 이렇다 보니 점점 빚만 늘어나는 것이다.

이를 해결하기 위해 우리 정부와 국회에서 등록금 인상 억제 방안의 입법화를 추진해야 한다. 물가 인상률 이상으로 등록금을 과다 인상하는 대학의 경우 그 사유를 교육부 등에 제출하고 심의를 받도록 해야 한다.

이와 함께 정부 차원에서 교육 예산 확보를 위한 구체적 방안을 수립해야 한다. 먼저 사립대학의 합리적 예산 편성을 유도하기 위하여 일정 규모 이상으로 예산을 뻥튀기 혹은 축소 편성하는 대학에 제재를 가할 수 있도록 조치하는 것이 필요하다.

이월·적립금도 등록금으로는 축적하지 못하도록 하고, 일정 비율 이상으로는 축적할 수 없도록 방안을 마련해야 한다. 부실 경영을 하는 대학에 대해 워크아웃을 실시해야 하는 것 또한 필요하다.

# 자격증은 즐비하지만 너무 높은 취업 문턱

## : 스펙푸어



원재 씨는 요즘 입사 원서를 넣고 시험을 보러 다니는 중이다. 자기소개서에는 높은 토익 점수, 한자 자격증, 컴퓨터 활용 능력자격증, 해외 연수 경험, 봉사 활동 등 화려한 스펙으로 가득하지만 서류 통과가 되는 비율은 10분의 1 정도다. 열 곳의 기업에 입사 지원하면 한 곳 정도에서 면접 연락이 온다. 그것도 자신이 원하지 않는 기업이다.

그는 매일 합격 이메일을 체크하며 자괴감에 빠진다. 입사 원서를 아무리 뚫어져라 검토해도 더 이상 채워 넣어야 할 내용은 없어 보인다. '스펙이 이렇게 좋은데 왜 안 될까? 무엇이 문제일까?' 최근엔 가족들과 함께 외모 때문인지를 진지하게 고민하고 있다. 부모님은 '외모도 스펙이라더니 이제 성형 수술을 해야 할 차례인가 보다' 라고 씁쓸해 하신다.

성길 씨는 현재 배달 아르바이트를 하고 있다. 졸업 전에는 '스펙'이 있어야 한다는 말을 듣고 돈을 들여 다양한 자격증을 취득해 두었다. 그러나 취업은 말처럼 쉽지 않았고 결국 구직을 못한 채 전전긍긍하다 시간만 낭비하고 서른 살을 앞두게 됐다.

더 이상 생활비가 없어 성길 씨는 아르바이트라도 시작하기로 했다. 아르바이트 면접 시 사장이 출신 학교를 물으면 일부러 대답하지 않는다. '공부를 잘했나 보다' 며 의아하게 물어오는 주인들에게 일일이 '취업이 되지 않아 어쩔 수 없다. 성실히 일하겠다' 고 똑같은 말만 되풀이하는 게 귀찮기 때문이다.

성길 씨는 원래 철학이나 문학과 관련된 일을 하고 싶었다. 한번은 중소기업에 입사하여 3개월 정도 일을 하다가 그만둔 적도 있다. 제대로 생활할 수 있는 수준의 급여나 복지가 아르바이트에도 못 미치는 수준이었기 때문이다.

## 청년 실업 악화로 스펙만 쌓다 빈곤해지는 스펙푸어

최근 들어 취업을 위해 공모전, 학점, 자격증, 어학 점수, 해외 경험 등 이력서용 스펙 specification 을 많이 쌓고 노력을 해도 취업이 되지 않아 백수로 전전하며 빈곤층으로 빠져드는 20~30대 취업 준비생들이 늘고 있다. 이들을 일명 '스펙푸어 spec poor' 라고 일컫는다.

2011년 말 〈매일경제〉 신문이 서울 4년제 대학 취업 준비생 20명을 심층 인터뷰한 결과, 학생들은 4년간 스펙을 쌓기 위해 연평균 1500만 원 청년들의 노동 공동체인 '청년유니온'은 2012년 대학생들이 학원 수강, 교재비, 사교육비, 토익이나 각종 자격증 시험 응시료, 대학 등록금 등 한 장의 이력서란을 채우기 위해 들이는 평균 스펙 비용으로 약 4269만 원이 든다고 발표했다 <sup>서울 지역 월세, 전세 비용 포함</sup>.

한국고용정보원이 2013년 4월 발표한 분석 결과 대학 졸업자 10명 중 4명이 졸업 전 취업에 성공했다. 취업자 10명 중 6~7명은 정규직 일자리를 얻은 것으로 나타났다.

대기업 정규직에 취업한 비율은 18.3%, 공기업 정규직은 2.1%, 공무원 정규직은 3.4%로 각각 집계됐다.

이른바 '선망 직장'으로 분류한 이들 직장 취업자는 전체 졸업자의 23.8%를 차지한 반면, 중소기업에 취업한 비율은 38.1%, 재학 <sup>6.9%</sup> 중이거나 비경제 활동 또는 실업자는 18.7%이었다.

대졸자가 처음 받는 연봉은 2200만 원으로 희망 연봉 2600만 원과는 400만 원의 차이가 났다.

상황이 이렇다 보니 구직자들의 자신감도 떨어졌다. 2013년 3월 온라인 취업 포털 〈사람인〉이 구직자 575명을 대상으로 '본인의 보유 스펙 만족도'에 대해 조사한 결과, 낙제 수준인 평균 41점으로 나타났다.

현재 본인의 스펙은 취업하기에 '부족한 편' <sup>69.9%</sup>이라는 응답이 '충분한 편' <sup>11.7%</sup>보다 6배나 많았다.

이처럼 취업이 잘 안 되는 이유는 늘어나는 대학 졸업자로 인해 인플레이션이 가중되고 있기 때문이다. 거기에 대학들마다 취업률을 높이기 위한 학점 몰아주기 꼼수도 한몫 단단히 하고 있다.

## 직업 훈련 강화와 중소기업 지원 통한 일자리 창출이 관건

또, 전반적으로 학력은 상승했음에도 불구하고 기업이 원하는 인력 수요와 노동 시장에서 공급되는 인력 간의 불균형이 생기기 때문이다. 따라서 정부는 실업자 구제 같은 사후적 시각보다는 직업 훈련과 연수 같은 사전적 시각의 전환이 필요하다.

기업들의 채용 인원 감소도 청년 실업의 이유가 될 수 있다. 미국발 금융 위기 등으로 우리나라가 장기적인 내수 경제 침체에 빠진 지 오래고, 이에 따라 기업들도 많은 정규직 신입을 뽑는 데 몸을 사리는 분위기다.

또한 대기업과 중소기업의 양극화 현상도 심각하다. 무엇보다 꼭 대기업에 취직을 해야만 성공하는 삶이라는 사회적 인식부터 변해야 한다. 동시에 정부에서 중소기업을 적극 지원함은 물론 청년들에게 중소기업 취업을 장려하는 운동과 정책을 실현해 중소기업은 안정적이지 않다는 선입견을 버릴 수 있도록 해야 한다.

# 아무리 일해도 통장 잔고는 0

## : 워킹푸어



● **월급조차 저당잡힌 인생 사는 윤은정 씨** 27 · 가명

윤은정 씨는 월급날이 기다려지지 않는다. 월급이 통장에 들어오자마자 '로그아웃' 되는 현상이 벌어지기 때문이다. 학자금 80만 원, 월세 40만 원, 카드 값 30만 원, 보험비 10만 원, 통신비 10만 원이 한꺼번에 빠져나가고 나면 은정 씨 손에 남는 건 20만 5800원뿐이다.

스마트폰 뱅킹으로 출금 내역을 확인하고 나면 한숨이 절로 나온다. 2010년 한국장학재단에서 정부 지원 학자금 융자 1200만 원을 빌렸을 때만 해도 대학만 졸업하면 곧바로 취직해 바로 갚을 수 있을 것이라 생각했다. 하지만 현실은 달랐다.

연봉 3000만 원이 채 되지 않는 회사에 겨우 취직한 은정 씨는 매달 80만 원씩 빠져나가는 학자금을 앞으로 1년이나 더 갚아야 한다. 조만간 월세를 올려 달라는 집주인 아주머니의 말이 생각나 걱정이 이만저만이 아니다. 저축은 꿈도 못 꿀 일이다. 학자금을 모두 갚을 때까지 그녀는 자전거로 출퇴근해 교통비라도 아껴야겠다고 생각하고 있다.

### ● 유명 케이블 방송에서 3년차 작가로 일하고 있는 송민지 씨 [28 · 가명]

송민지 작가는 요즘 친구들의 전화가 두렵다. 고등학교, 대학 동창들이 하나둘씩 결혼하기 시작하면서 한 달에 빠져나가는 축의금만 해도 20만 원이 넘기 때문이다. 그래서 송씨는 한동안 연락이 뜸했던 친구들이 전화를 하면 받지 않는다. 자신이 맡고 있는 프로그램의 녹화가 끝나야만 급여가 들어오는 방송 작가직의 특성상 민지 씨에게 계획에 없는 지출은 너무 큰 스트레스다.

3개월에 한 번씩 140만 원 정도 들어오는 급여를 석 달로 나눠 월세에 통신비, 보험료 등을 내고 나면 생활비는 빠듯했다. 가끔 아파서 병원에 가야 하거나 급히 가족들에게 돈을 빌려 주는 등 예상 외 지출이 생기면 하루 종일 굶어야 할 형편이다. 남들은 그녀에게 '하고 싶은 일을 해서 좋겠다'고 부러워하지만, 급여가 조금이라도 늦게 들어오는 날이면 피가 마른다. 하루 12시간씩 촬영장에 있다가 밥도 못 먹고 자는 날이 많아지면서 민지 씨는 요즘 아르바이트 사이트에 자주 접속한다. 하고 싶은 일을 하는 것보다 차라리 정해진 날 월급이 꼬박꼬박 들어오는 커피숍 아르바이트가 더 낫겠다는 생각이 들기 때문이다.

## 열심히 일해도 가난해질 수밖에 없는 워킹푸어들

아무리 열심히 일해도 자신의 삶이 전혀 나아지지 않고 빈곤해지는 계층을 '워킹푸어'라고 한다. 워킹푸어는 일은 하지만 지출이 많고 임금이 적기 때문에 저축을 통해 미래를 준비하기 힘들다. 그래서 갑작스럽게 병이라도 걸리거나 실직하면 한순간에 빈곤층으로 전락할 가능성이 크다.

임시직이나 비정규직 노동자가 늘어나고 계속되는 물가 상승과 경기 침체 현상으로 자신들을 워킹푸어라고 여기는 사람들이 증가하고 있다. 취업 포털 '잡코리아'가 2013년 남녀 직장인을 대상으로 '푸어족 체감 현황'을 조사한 결과 10명 중 7명이 스스로를 '푸어족'이라 답했다 한다.

전문가들은 워킹푸어가 양산되는 현상을 사회 구조적 문제 때문으로 분석하고 있다. 경기 침체 여파로 기업들이 일자리를 늘리지 않음은 물론, 인건비와 보험비 지급 부담으로 정규직보다 계약직 직원들을 선호하면서 대다수가 저임금과 열악한 고용 보장 조건에 처하게 된다. 일은 하고 있지만 높은 생활비와 학자금 대출 상환을 감당하기에는 임금이 턱없이 부족한 현상이 장기화 되는 것이다.

연령대별로 살펴보면 20대는 '등록금과 학비' 30대는 '결혼과 양육' 40대는 '내 집 마련과 자녀 교육비' 지출 때문에 워킹푸어로 전락하고 있다. 사회 구조상 나이가 들면서 더 많은 지출이 필요하지만 물가 상승률을 반영하지 않는 임금만으로는 이러한 지출을 감당할 수 없다.

## 기업들의 임금 인상과 사회적 안전망 구축 시급

이 같은 문제를 해결하기 위해서는 기업들의 이윤 확대가 임금 상승으로 이어져야 한다. 2011년 기획재정부가 제출한 국정 감사 자료에 따르면 우리나라 월평균 임금은 전년 대비 3.4% 상승했지만 물가 상승률을 감안했을 때 실질 임금은 0.3%만 상승했다. 임금 상승이 고물가 시대의 상황을 전혀 반영하지 못한 것이다. 워킹푸어 확산을 막기 위해선 임금에 대한 기업의 인식 전환이 필요하다. 임금 상승률과 관련해 정부에서 '최저 임금 상승률'을 설정해 임금 안정성을 보장해야 한다.

또한 워킹푸어족 대부분이 비정규직과 계약직임을 감안할 때, 정부가 최저 임금에 더 많은 관심을 기울여야 한다.

일본의 경우 산업별로 적정 최저 임금제를 정했고 이를 위반할 경우 기업에 엄청난 과징금을 부과하고 있다. 현재 우리나라에서는 최저 임금제는 물론 그 어떤 조치도 취해지고 있지 않다. 정부가 물가 상승률을 감안한 최저 임금을 설정한 뒤 이를 엄격히 감시한다면 워킹푸어 문제도 조금씩 해결될 것으로 보인다.

또 다른 해결책으로는 워킹푸어가 장기 빈곤층으로 전락하지 않도록 사회 구조적으로 안전망이 만들어져야 한다. 저축률이 낮은 워킹푸어들이 금융권에서 돈을 계속 빌려 쓰게 되면서 빈곤화가 가속화될 가능성이 크기 때문이다. 기존의 정부 대출이나 금융권 대출은 높은 이자와 담보를 요구하는 등 워킹푸어들에게 문턱이 너무 높다. 최근 워킹푸어들에게 저렴한 이자로 돈을 빌려 주는 협동조합이 창설되는 등 다양한 개선 방안이 마련되고 있다. 근래에 생긴 20대 '품앗이금융기관'에서는 워킹푸어로 전락한 청년들에게 긴급하게 생활비가 필요할 때 50만 원 미만의 소액을 대출해 주고 있다. 이처럼 워킹푸어 문제를 근본적으로 해결할 수 있는 창의적 방안이 정부 주도로 더 많이 마련돼야 한다.

## 

TIP

일본도 경기 침체가 지속되면서 워킹푸어 문제를 겪고 있다. 일본은 1990년대 이후 경기 후퇴로 정년 퇴직제가 사라지고 기업 인건비가 대폭 삭감되면서 일자리를 구하기 어려워지자 파트타임으로만 살아가는 아르바이트족이 급격히 늘어났다.

그 결과 현재 일본의 전체 노동자 중에서 비정규직이 35%를 차지하고 있다. 일본 후생노동성에 따르면 일본 내 정직원의 평균 월급은 약 31만 엔약 335만 원, 비정규직은 약 20만 엔약 216만 원이다.

유럽 국가들 역시 유럽 재정 위기가 계속되면서 워킹푸어가 급증하고 있다. 유럽연합EU 통계청에 따르면 2010년도 17개 유로 사용국의 근로자 가운데 8.2%가 최저 빈곤선인 연봉 1만 3500달러약 1400만 원 이하다. 프랑스도 전체 근로자의 절반이 연봉 2만 5000달러약 2650만 원 이하를 받고 있다.

미국 노동부 통계에 따르면 2010년 기준 미국의 전체 노동 인구 중 7.2%인 1050만 명이 워킹푸어로 집계됐다. 이는 2000년 5.5%였던 워킹푸어 비율이 급속히 늘어난 것으로 20년 만에 최고 수준이다.

포드재단 등 4개 공익 단체가 공개한 '워킹푸어프로젝트' 보고서에 따르면 2011년 미국에서는 계산원, 식당 종업원 등 서비스업에 종사하는 근로자가 전년 대비 20만 가구 늘어난 것으로 알려졌다.

이에 따라 미국 전체 3가구 중 1가구가 워킹푸어인 것으로 집계됐다. 이는 각각 28%, 31%를 기록한 2007년과 2010년보다 훨씬 증가한 수치다.

# 빚으로 신혼생활 시작

## : 웨딩푸어



● **본격적인 결혼 준비에 나선 이지석**[34·가명] **· 김소영**[31·가명]**씨 커플** ▬

두 사람의 직장이 있는 서울에서 최대한 저렴하게 식을 올리려 해도 결혼식장 비용만 최소 500만 원은 기본이다. 강남에서는 1000만 원까지 든다고 하니 일찌감치 포기했다. 강북에서도 기본 요금에 홀 대여료, 꽃값, 사진값, 봉사료까지 붙으니 2000만 원은 훌쩍 넘는다. 하객 식대는 1인당 4만 원이 넘고 성수기에는 추가 요금까지 붙는다고 한다.

웨딩플래너를 통해 알아본 '스드메[스튜디오 촬영·드레스·메이크업]' 최소 비용도 무려 180만 원이다. 막상 원하는 것을 고르다 보니 추가 비용이 여간 많이 드는 게 아니다. 일생에 한번 하는 결혼식이라 그날 최고로 아름답고 싶은 욕심을 버리기가 쉽지 않다.

지석 씨는 신혼집 마련에 골머리를 썩고 있다. 집을 사는 것은 고사하고 전셋값까지 올라 서울에 집을 마련하는 것은 꿈도 못 꾸고 있다.

서울 근교 경기도를 알아봐도 1억 원 이하의 집을 구하기란 쉽지 않다. 그 비용도 혼자 힘으로 감당할 수 없어 부모님의 힘을 빌려야 한다. 죄송스러워 고개를 들 수가 없다. 전세 자금 대출을 받아야 할지 고민하고 있다.

소영 씨 역시 신랑 집에 보낼 예단 때문에 고민이 이만저만이 아니다. 필수라는 '예단 3총사 이불·반상기·수저 세트' 값만도 최소 몇백이다. 요즘에는 예단 대신 간편하게 돈을 보낸다고 하지만, 도대체 얼마를 보내야 할지 감을 잡을 수가 없다. 500만 원을 보내자니 시부모님의 눈치가 보이고 그 이상을 생각하면 마음이 착잡해진다.


## 빚잔치로 신혼 시작하는 웨딩푸어들의 한숨

'웨딩푸어 Wedding Poor' 혹은 '허니문푸어 Honeymoon Poor'는 비싼 결혼식 준비로 인해 결혼과 동시에 빚을 지면서 신혼생활을 시작하는 부부를 일컫는 말이다.

2011년 여성가족부가 조사한 바에 따르면 남자는 평균 8078만 원, 여자는 2936만 원의 결혼 비용을 쓰는 것으로 나타났다. 최근에는 평균 결혼 비용이 2억 원에 달한다는 조사 결과도 나왔다.

경기 침체와 전세난까지 더해지면서 예비 부부들이 느끼는 경제적 한파는 계속되고 있다. 게다가 남성들의 취직 연령이 많이 늦어지고 있는 추세다 보니 스스로 결혼 자금을 모으는 데 한계가 있다.

그런데도 우리나라 사람들은 화려한 것만을 추구하고 남의 시선을 의식하는 관습을 고집스럽게 고수하고 있다. 과도한 비용을 들여 결혼을 하고 양가 부모와의 관계, 인사치레를 따지느라 애초 계획한 예산을 훌쩍 뛰어넘어 '과다 혼수'로 곤욕을 치른다.

TV에 나오는 연예인이나 공인들이 초호화 결혼식을 통해 물질 만능주의를 조장하는 것도 문제다. 억대 드레스, 수천만 원짜리 목걸이 등을 어필하며 성공의 척도로 부각시키니 일반인들도 이러한 세태에 편승하게 된다.

결국 거대한 빚과 함께 신혼생활을 시작하는 부부가 증가세를 보이고 있다. 혹은 그 비용을 부모님에게 떠넘기기까지 한다. 웨딩푸어 또는 허니문푸어는 또 다른 '푸어' 족을 낳는 첫 단계라는 점에서 세심한 주의가 필요하다.

가장 우선돼야 하는 것은 의식 개선이다. 무엇보다 결혼 당사자들 역시 과시 중심의 소비 성향을 버려야 한다. 주변의 시선을 의식하기보다는 형편에 맞춘 내실 있는 첫 출발이 되도록 적절한 예산선을 짜고 그에 맞춰 준비해야 한다.

## 실속 위주 신개념 결혼 풍속과 과시 의식 개혁해야

사회적으로 실속 위주의 신개념 결혼 풍속을 정착시키는 것도 중요하다. 이를 위해 최근 시민단체와 공공기관이 '예식 비용 거품 빼기'에 나서고 있다.

시민단체 '그린웨딩포럼'은 초저가 '명품 결혼' 프로그램을 내놨다. 서울 시내 주요 공공시설을 이용해 90만 원만 내면 결혼식을 치를 수 있는 프로그램이다.

여성가족부는 그린웨딩포럼을 통해 예비 부부 한 쌍당 결혼식 비용 30만 원을 지원해 준다. 또한 2013년부터는 공공시설을 더 많이 예식장으로 사용할 수 있게 개방하는 '전국공공시설혼인예식장' 서비스를 시행하고 있다.

서울시 또한 서울시인재개발원, 양재시민의숲 등을 예식 공간으로 활용토록 했다. 앞으로 서울시립대학교, SH공사, 서울산업통상진흥원 등 관내 공공시설로도 확대될 예정이다. 마포구청, 성북구청, 성남시청, 용인시청 등도 청사를 예식장으로 쓰게끔 개방하고 있다.

# 주택 대출금 이자에 허리 휘다

## : 하우스푸어

● **경기도 안양시에 사는 김명희 씨** [56·가명]

김명희 씨는 남들이 부러워하는 조건을 모두 갖췄다. 대기업 이사에 연봉은 1억 원이 넘고 수도권에 60평 이상의 아파트도 가지고 있다. 중산층 중에서도 높은 레벨에 속한다고 볼 수 있다.

하지만 안을 들여다보면 상황은 다르다. 아파트 대출 상환 및 이자만 월 400만 원이 넘게 나간다. 월급 전체를 이자 상환에 쏟아 붓던 때보다는 상황이 나아졌지만 생활은 여전히 빠듯하다.

악몽 같은 시간은 2004년 여름에 시작됐다. 가지고 있던 돈 일부에 2억 원을 대출받아 경기도 신도시에 32평 아파트를 구입했다. 당시 부동산 경기는 최고조에 달했기 때문에 은행 이자 정도는 감당할 수 있었다.

하지만 2006년 살고 있던 아파트가 재건축을 시작하면서 새로 아파트

신청을 해야 했다. 경기도에 구입해 놓은 아파트로 들어가겠다는 생각도 해 봤지만 부모님 건강이 나빠지면서 함께 살아야겠다는 마음으로 60평 대 큰 아파트를 신청하게 됐다.

부모님이 살고 있는 작은 아파트를 팔면 추가 분담금 4억 원 정도는 마련할 수 있을 것 같아서였다.

그런데 2008년 2차 외환 위기가 터져 버렸다. 부동산 시장은 곤두박질 치고 부모님 아파트를 처분해 추가 분담금을 지불하겠다는 계획은 수포로 돌아갔다.

부모님이 내놓은 아파트를 사겠다는 사람이 없었기 때문이다. 경기도 아파트도 마찬가지로 팔리지 않았다. 결국 다시 4억이란 돈을 대출할 수밖에 없었다. 원리금에 이자까지 함께 상환해야 하니 월급의 반이 이자로 들어간다.

그래도 그는 월급이라도 많이 받고 있으니 나은 편이다. 상황이 풀리면 바로 집을 팔아 은행 대출금을 갚을 수 있기 때문이다.

### ● 서울 목동에 사는 이정민 씨[38 · 가명]

정민 씨는 요즘 살고 싶은 생각이 없다. 벤처 기업에서 열심히 일해 월급도 꽤 많이 받았고 2006년에는 3억 원 가까이 되는 아파트도 장만했다.

은행 대출이 2억 원 정도 되지만 그가 개발한 신제품이 대박이 나면서 월급보다 더 많은 보너스를 받았기 때문이다.

그런데 금융 위기가 찾아오면서 벤처 기업들이 줄줄이 도산했다. 갑자기 직장을 잃어버린 그는 대출 이자와 생활비를 조달하기 위해 사채 시장에 손을 벌릴 수밖에 없었다. 집은 이미 은행에서 경매 통지를 받았고 사채로 빌려 쓴 돈은 4000만 원이 넘는다. 살 집도 마련해야 하는 상황인데 어디서부터 문제를 풀어야 할지 막막하다.

## 강남에 번듯한 집 있어도 대출 빚에 허덕이는 깡통집 주인들

요즘 '강남 거지' '목동 거지'라는 말이 유행이다. 아파트 값이 가장 높은 강남과 목동에 큰 평수의 집을 가지고 있는 어엿한 중산층이지만 집을 사기 위해 빌린 은행 빚을 갚느라 거지처럼 생활하는 '하우스푸어'들을 일컫는 표현이다.

이들은 '아파트 없는 중산층'이었다가 투자 혹은 내 집 마련의 목적으로 부동산 가격 상승기에 무리하게 대출을 받아 집을 산 케이스다.

아파트를 팔아 차익을 챙기면 이자 정도는 갚고도 큰돈을 만질 수 있었기 때문이다. 그러나 2007년부터 시작된 금융 위기로 부동산 가격이 폭락하면서 이들은 집만 가진 거지가 됐다. 부동산 경기 하락으로 집을 내놔도 팔지 못하고 은행 빚만 갚아야 하는 신세가 됐기 때문이다.

이런 하우스푸어 규모는 최소 10만 가구에서 많게는 198만 가구까지 내다본다. '상환 능력의 한계'를 어디까지 규정하느냐에 따라 다른데 매입가 대비 아파트 가격이 10% 이상 하락한 가구가 10만, 상환 능력 자체를 상실한 사람은 198만이다.

하우스푸어가 증가한 데에는 정부의 책임도 크다. 당초 발단이 된 부동산 가격 급등에는 정부가 지난 4년간 20차례에 걸쳐 부동산 규제 완화 대책을 발표해 시장 활성화의 기대를 갖게 했기 때문이다.

제2금융권도 책임을 회피할 수 없다. 자산 운용에 제약이 큰 제2금융권이 늘어난 예금을 운용할 방법이 없어 주택 시장에 뛰어들었고 이미 폭등한 부동산 거래 가격의 90%까지 대출해 주며 투기를 부추겼기 때문이다.

그 결과 10% 이상 가격이 하락한 지역의 주택들은 대출금보다 주택 가격이 낮은 이른바 '깡통 주택'으로 전락했다.

## 정부와 금융권의 다각적 구제 방안 시급

하우스푸어 문제를 풀기 위해서는 다각적인 노력이 필요하지만 정부 재정을 투입할지 여부는 심사숙고해야 한다.

정부 구제론을 주장하는 사람들은 정부가 하우스푸어 양산에 일조했다는 책임론과 하우스푸어들의 상환 불이행에 따른 은행 부실에 대한 사전 대비 차원에서 정부 자금이 일단 투입돼야 한다고 주장한다.

하지만 이는 형평성 문제를 야기시킨다. 주식 투자에 실패했다고 해서 정부가 모든 책임을 지지 않듯, 마지막 투자 결정은 스스로가 내린 것이므로 정부가 부추겼다고 해서 그 책임이 모두 정부에 있지는 않다는 것이다.

오히려 정부의 자금은 집이 없는 하우스리스를 지원하는 데 투입돼야 한다는 게 반대 측의 의견이다.

정부 구제론은 도덕적 해이를 초래할 수도 있다. 근본적으로 이들은 집값 상승의 차익이라는 이득을 얻으려고 대출을 받았기 때문에 이를 정부가 나서서 해결해 주면 똑같은 악순환이 재발될 수밖에 있다.

가장 큰 문제는 하우스푸어를 구제키 위해 예산을 쓰게 되면 결국 저소득층과 취약 계층에게 돌아갈 정부 지원금이 줄어들 수밖에 없다. 줄이지 않으려면 재원 확충을 위해 세금을 더 거둬야만 가능하다.

정부에서는 '부동산종합대책'이라는 이름으로 하우스푸어 구제책을 발표했지만 다주택자를 끌어안기에는 부담스러운 면이 있어 1주택자에 한해 혜택이 돌아갈 것으로 보인다.

또 대출 액수가 많은 경우와 다중 채무 여부에 따라 1주택자도 혜택을 받지 못할 수 있다. 1주택자의 절반 이상이 다중 채무고 나머지 30%는 2 금융권에서 대출을 받아야 하므로 대출 상환 부담이 높은 상태에서 이 같은 대책은 큰 도움이 되지 않는다는 견해도 팽배하다. 때문에 하우스푸어 문제는 근본적 해결 방안이 필요하다.

한국은행에서는 주택 담보 채무자의 실질적 회생을 위해 채무자의 주거권은 우선 보장해야 하며, 이를 위해 주택 담보 채권자의 우선 별제권은 제한해야 한다는 의견을 내놓았다.

별제권이란, 담보 채권자의 경우 채무 조정이나 파산 절차가 진행 중이더라도 경매 처분 등을 통해 채권을 회수할 수 있는 권리를 말한다.

별제권을 제한하면 주거 보장을 통해 채무자를 파산 절차보다는 개인 회생 절차로 유인할 수 있다. 주택 담보 대출에 과도하게 의존하는 금융 기관의 대출 관행도 개선할 수 있다. 또한 급매나 경매 물량을 감소시켜 부동산 시장에 미치는 충격을 완화하는 장점도 있다.

# 제발 결혼만은
# 자식들 스스로 벌어 하기를
## : 리타이어푸어

● **퇴직을 1년여 앞둔 김성중 씨** 56 · 서울 중계동

김성중 씨는 요즘 걱정이 이만저만이 아니다. 여태껏 뼈 빠지게 직장에 다니며 일했지만 은퇴 후 노후를 위한 여유 자금이 부족하다. 몇 년 전 30평대 아파트를 마련하긴 했지만 주택 마련 대출을 받은 관계로 일정 기간 빚을 갚아 나가야 한다. 그런데도 집값은 하루가 다르게 떨어지고 있으니 한숨만 나온다.

대학생인 김씨의 두 아들은 여전히 취업 준비 중이다. 남들에게 뒤처지는 것이 싫어 과외, 학원 등 자식 교육에 공을 들였지만, 점점 더 심해지는 청년 실업 때문에 두 아들은 마땅한 일자리를 구하지 못하고 있다. 공무원 시험을 본다던 큰아들은 2년가량 준비하다 포기했다. 매달 들어간 지원금은 물거품이 되어 버린 셈이다.

48

몇 년 뒤 있을 두 아들의 결혼도 김씨에겐 부담이다. 하루 빨리 손주를 두 손에 안고 싶지만 지금 상태라면 앞으로도 자금 상황이 그리 나아질 것 같지 않다. 아들들이 하루속히 직장을 잡고 스스로 결혼 자금을 마련해 주길 바랄 뿐이다.

김씨는 얼마 안 되는 퇴직금으로 무엇을 하며 노후를 대비해야 할지 골머리가 아프다. 창업을 하자니 마땅히 떠오르는 아이디어가 없고, 하루걸러 문을 닫는 편의점, 프랜차이즈점들을 보면 시작하기도 겁이 난다. 퇴직 이후를 생각하면 벌써부터 머릿속이 하얗다. 꼬박꼬박 낸 국민연금만 믿고 있으나 월 100만 원가량 받는 돈으로 노후를 대비하기엔 턱없이 부족하다.

## 자식 교육 때문에 노후 대비 못한 신빈곤층 발생

'리타이어푸어<sup>retire poor, 은퇴로 인한 빈곤</sup>'는 현대경제연구원이 발표한 '2012년 국내 10대 트렌드' 보고서에서 처음 언급된 용어다. '자식 교육으로 노후를 준비하지 못한 신빈곤층'을 지칭하는 말로, 퇴직 전 중산층이었지만 퇴직 후 빈곤층으로 전락한다는 점에서 사회·경제적 문제로 떠오르고 있다.

집 마련 이후 가난한 삶을 사는 '하우스푸어', 비정규직과 저임금 딱지가 붙은 '워킹푸어'와 함께 3대 신빈곤층이라 일컬어진다.

우리나라의 경우 '리타이어푸어'는 대부분 베이비부머<sup>1955년~1963년 생</sup>들이다. 베이비부머는 한국전쟁 이후 경제적으로 가장 어려운 시기에 태어나 새마을운동을 거치고, 산업 전선에 뛰어들어 부모 봉양과 자식들을 가르치며 평생 일만 한 세대다.

한 사회학자는 이 세대를 가리켜 '자식들에게 모든 것을 바친 마지막 세대가 될 것이며, 자식들에게 효도 받지 못할 첫 번째 세대가 될 것'이라고 말하기도 했다.

이들은 젊어서는 내 집 마련을 위해, 나이를 먹으면서는 자식 교육을 위해 몸 바쳐 일했다. 이후 노후에 대한 별다른 준비 없이 갑작스럽게 은퇴하게 되고, 주택 자금 대출이나 자식들의 결혼 비용으로 빚더미에 앉게 되면서 사정은 더욱 열악해졌다.

국민연금연구원이 2011년 은퇴를 앞두거나 은퇴한 50대 이상 고령자를 대상으로 조사한 결과 10명 중 6명[59.7%]은 다른 사람의 경제적 도움 없이는 독립생활이 불가능하다고 답했다.

이들에게 꼭 필요한 최소 생활비는 부부 기준 130만 원, 개인 기준 77만 원이다. 표준 생활을 영위하는 데 필요한 적정 생활비는 부부 184만 원, 개인 110만 원으로 조사됐다.

하지만 은퇴 후 최소 생활비조차 벌지 못하는 '은퇴 빈곤 가구'는 2011년 기준 101만 5000가구로 은퇴자 가구의 40%에 달한다는 조사 결과가 나왔다. 특히 은퇴자 가구의 평균 총자산 3억 3000만 원 중 3분의 2가 부동산에 묶여 있어 은퇴 빈곤층으로의 전락을 스스로 부채질하고 있다.

자식들의 늦은 취업과 결혼 이후 순식간에 찾아온 은퇴도 문제다. 영국, 이탈리아 등 18개 유럽 국가들의 평균 법정 퇴직 연령은 2005년 기준 65세다. 아이슬란드[67세], 노르웨이[67세], 아일랜드[66세]는 이보다 높다. 실제 퇴직 연령도 61.84세에 달한다. 반면 우리나라의 경우 이보다 한참 이른 54~56세에 실질적으로 퇴직한다.

## 개인 차원 노후 대비와 정부 차원 정년 연장으로 인생 2막 모색

이른 은퇴로 인한 빈곤층 형성 폐해를 사전에 막기 위해서는 개인적인 준비가 우선돼야 한다. 공적연금, 기업연금, 개인연금 등 다방면의 노후 소득 보장 체계를 갖추도록 해야 하며, 은퇴 후 생활비 마련을 위한 저축과 금융 투자도 차질 없이 준비해야 한다. 결론적으로 자신들의 재정 상태를 파악하고 이에 맞춘 체계적 관리와 계획이 필요하다.

베이비부머들의 고용률을 끌어올리는 것도 이들을 순식간에 빈곤층으로 전락시키는 것을 막는 대안이 될 수 있다. 이는 장기적으로도 급속한 노령화 현상에 따른 노동력 부족 사태를 막을 수 있는 효과가 있다.

우리나라에서도 2013년 4월 '고용상 연령 차별 금지 및 고령자 고용 촉진에 관한 법' 개정안, 일명 '정년연장법'이 국회를 통과했다.

정년연장법 채택 이전부터 몇몇 기업은 정년을 56~58세에서 60세로 연장했다. GS칼텍스, 포스코, 현대중공업, 한국전력공사, KB국민은행 등이 대표적이다.

정년 연장과 같은 맥락에서 '임금 피크제'를 도입하는 기업도 늘고 있다. 한국전력공사는 57세부터 직전 급여의 5%가 감소되고, 58세 10%, 59세 30%, 60세에 35%의 급여가 줄어드는 시스템으로 임금 피크제가 시행된다. 포스코는 52세부터, 국민은행은 55세부터 단계적으로 임금이 감소한다. 이 같은 노력으로 직원들은 노후를 준비할 수 있고 회사는 기존 인건비 내에서 노하우와 경험 많은 인력을 계속 활용할 수 있다. 더불어 직업 교육도 뒷받침될 필요가 있다. 현직에서 납입하던 고용보험 일부를 은퇴 후 재교육 비용으로 할당하는 정책도 추진되면 좋을 것이다.

# 오토바이 대신 돈 안 드는
# 자전거로 배달

: 소호푸어 SOHO,Small Office, Home Office

● 서울 청파동서 편의점 운영 중인 김재선 씨 [58 · 가명]

김재선 씨는 저녁 8시 뉴스를 보다가 TV를 껐다. 국내 대기업이 편의점 사업 진출을 계획 중이라는 뉴스를 봤기 때문이다. 김씨는 2년 전 정년퇴직하면서 받은 퇴직금으로 집 근처에 편의점을 냈지만 매출은 1년 만에 반 토막이 났다.

김씨가 편의점을 오픈하던 당시에도 가까운 거리에 편의점이 2개나 있어 더 이상은 생기지 않을 줄 알았다. 하지만 김씨의 예상은 보기 좋게 빗나갔다. 2년이 지난 현재 김씨가 차린 편의점 근처에 2개의 편의점이 더 생겼고 매출은 급격히 줄어들었다. 월 매출 3000만 원을 보장한다는 말만 믿고 덥석 창업한 편의점 운영은 점포 임차료와 인건비를 빼고 나면 150만 원 정도 남는다.

요즘 건물주가 보증금과 월세를 모두 올리겠다고 으름장을 놓으면서 최근 편의점 폐업을 진지하게 고민 중이다. 하지만 2005년 3억의 빚을 얻어 마련한 아파트 대출 이자를 생각하면 속이 시커멓게 타들어간다. 편의점 문을 닫는다고 해결될 문제도 아니지만 월세까지 올려 주며 운영할 것을 생각하니 한숨밖에 안 나왔다.

### ● 서울 노원구에서 치킨집 운영 중인 이상철 씨 <sup>55 · 가명</sup>

상철 씨는 최근 배달용으로 사용했던 오토바이를 처분했다. 주문이 접수되면 아들 자전거를 타거나 가까운 거리는 걸어서 배달한다. 치킨집 운영 경력 20년차 사장님인 상철 씨는 그나마 성공한 편에 속했다. 주변에 프랜차이즈 업체 몇 개가 들어서도 결코 밀린 적이 없었던 그였다. 하지만 최근 몇 년 사이 사정이 변했다. 길가에 들어서던 치킨집이 하나둘씩 늘어나더니 이제는 치킨보다 저렴해 더 잘 팔린다는 닭강정 가게까지 세 곳이나 문을 열었다.

생닭과 식용유 값이 계속 올랐고 전기세 및 가스료에 배달 · 서빙 인건비를 제하고 나면 손에 쥘 수 있는 순이익은 한 달에 100만 원이 될까 말까였다. 최근에는 배달 주문이 오면 자신이 직접 자전거를 이용하고 서빙 아르바이트생도 그만두게 했다. 이씨는 '이 동네에서 가장 오랫동안 치킨집을 운영했지만 흔적도 없이 사라질 것 같다'고 말했다.

### 은퇴한 베이비부머들, 소규모 자영업 운영하다 빈곤층 전락

김씨와 이씨 같은 사람들을 '소호푸어<sup>Soho poor</sup>'라고 한다. 베이비부머

 세대로 소규모 자영업을 하면서 빈곤층으로 떨어진 사람을 가리키는 말이며 시간이 지날수록 이들의 숫자가 급증하고 있다.

통계청에 따르면 2013년 3월 자영업자 수는 563만 1000명으로 2012년 12월 기준 553만 2000명보다 약 18% 증가했다.

2011년 12월 자영업자 수는 552만 명으로 전년보다 13만 3000명 증가했는데 이는 베이비부머 세대가 은퇴 후 창업 시장으로 대거 뛰어든 것이 주요 원인으로 밝혀졌다.

소호푸어가 급증한 사회적 이유로는 IMF 외환 위기와 2008년 글로벌 금융 위기의 영향이 가장 크다. 과거 우리나라 베이비부머들은 대부분 돈을 모아 부동산에 투자한 후 재테크를 하면서 안정적인 노후 준비를 할 수 있었다.

하지만 금융 위기를 겪고 부동산 시장이 얼어붙으면서 대출을 받아 아파트를 산 베이비부머들이 제일 큰 타격을 받게 됐다. 집값 하락으로 집을 팔아도 대출금을 갚지 못하게 되어, 은퇴 후에도 계속 돈을 벌어야 하는 경제적 부담을 짊어지게 된 것이다.

이런 베이비부머들이 가장 손쉽게 뛰어들 수 있는 일이 창업이다. 그중에서도 치킨집 같은 요식업계가 영순위다. 요식업계 창업은 지식을 요하는 전문 분야 창업이 아니라 투자 자본금만 있으면 쉽게 할 수 있기 때문이다. 그러다 보니 충분한 준비 없이 창업에 도전하는 사람들이 대부분이었다. 이렇듯 은퇴자들이 요식업계로 전부 몰리다 보니 '손님 나눠 먹기' 경쟁을 벌이게 되면서 모두가 경제적 빈곤에 빠지게 되는 것이다.

## 전공 분야 창업 다양화와 인큐베이팅 시스템 강화

소호푸어의 확산을 막기 위해 가장 시급한 것은 지금처럼 베이비부머들이 은퇴 후 요식업계로만 몰리는 악순환을 초기에 막는 일이다. 그러려면 창업 분야를 선정할 때 자신의 적성과 능력, 환경에 맞는 업종이 어떤 분야인지 알 수 있는 프로그램들이 많이 만들어져야 한다. 자신의 기존 커리어를 발전시켜 전문성을 확보할 수 있는 분야를 찾도록 하는 지원 노력이 무엇보다도 중요하다.

미국의 경우 은퇴자들이 IT나 과학기술 분야 등 자신의 전공을 살려 창업하기 때문에 그 분야의 진정한 전문가로 성공할 확률이 높다. 우리나라 역시 외식 업종 대신 지식 및 콘텐츠 서비스업 분야의 창업 기회를 열어 정부 지원을 늘리면 업종이 좀 더 다양해질 것이다.

베이비부머들이 새로운 업종을 시작할 때 그와 관련된 정보를 제공하고 상담과 조언을 해줄 수 있는 '인큐베이팅 시스템'도 활성화 돼야 한다.

창업한 뒤에도 사업의 성장성과 애로점을 컨설팅해 주는 창업보육센터가 반드시 필요하다. 은퇴한 베이비부머 중 기업 경영 분야에서 일했던 사람들이 창업보육센터장을 맡는다면 시너지 효과를 극대화할 수 있을 것이다.

# 재난 수준의 의료비 부담으로
# 빈곤층 증가

## : 메디푸어

● **서울 용산구 빌라촌의 15평 남짓한 김숙희 씨**[54 · 가명] **집**

그녀의 집은 조용하다 못해 적막하다. 김숙희 씨의 남편 정철호 씨[58 · 가명]는 의욕적으로 일하던 사업가였다.

혈압이 높아 가끔씩 어지러워했으나 별일 아니라며 지나쳤던 것이 화근이었다. 새벽에 목이 말라 물을 한 컵 마시고 화장실에 들어가려는 순간 다시 머리가 어지러워진 정씨는 그 길로 쓰러져 일어나지 못했다. 병원 진단은 뇌경색. 연수 혹은 숨골이라는 뇌간 한 부분의 핏줄이 막혔던 것이다.

핏줄 막힌 곳이 팔이나 다리를 관장하는 곳이라면 수술 후 재활 치료에 전념할 수 있는데 정씨의 경우 언어 전달 체계를 맡은 주요 부위에 뇌경색이 왔기 때문에 수술 불가 판정이 났다. 너무 얇은 핏줄이어서 혈관을

56

뚫는 일 자체가 불가능하다는 것이다.

퇴원해 집으로 돌아온 정씨는 3년 넘게 부인 김씨의 간병을 받고 있다. 대소변을 받아내고 약을 챙겨 먹이는 것 정도는 감수할 수 있다.

가장 골치 아픈 건 의료비다. 배에 구멍을 뚫어 연결한 튜브롤로 영양 공급을 하는데 이 비용과 약값을 합하면 보험이 적용돼도 1년에 200만 원 정도 든다. 기저귀 구입비나 기타 의료기구 구입비도 연 500~600만 원은 든다고 봐야 한다. 김씨가 남편 수발을 들어야 하기 때문에 일을 못해 아들 정민호 씨[20·가명]가 벌어오는 아르바이트비로 생활비를 충당하며 겨우 풀칠하고 있다.

거기에다 급전으로 빌려 쓴 사채를 갚는 데 매달 100만 원씩 들어간다. 처음에는 남편 검사비 때문에 1000만 원을 빌렸는데 생활비가 모자라다 보니 다른 곳에서 또다시 빌려 생활비와 이자를 갚는 등 사채 돌려막기를 하는 신세가 됐다.

## 재난 수준의 의료비 때문에 빈곤의 나락으로 떨어진 메디푸어들

김숙희 씨처럼 의료비를 마련하기 위해 사채에 손을 대는 사람은 생각보다 많다. 전세금을 빼 월세로 돌리거나 집 평수를 줄이는 가구도 상당수다. 그 정도는 아니지만 의료비 지출이 너무 많아 생계에 위협을 받는 가정도 적지 않다.

최근 한국개발연구원[KDI]이 발표한 '고령화를 준비하는 건강보험 정책의 방향' 보고서에 따르면 지난 2010년 기준 의료비 마련을 위해 전세금을 빼거나 사채에까지 손을 벌린 가구는 각각 41만 가구와 13만 가구에 달했다.

가구 소득의 10% 이상을 의료비에 지출하는 일명 '재난적 의료비'에 시달리는 가구는 281만 7000가구에 달하는 것으로 추산됐다.

의료비는 의식주에 앞서는 지출 비용이기 때문에 소득이 준다 해도 줄일 수 없는 기본적 생계 비용이다. 때문에 의료비 지출이 많은 가정은 단번에 빈곤층으로 전락할 수밖에 없다.

의료비가 늘어나는 것은 고령화 사회가 주원인이다. 특히 베이비부머는 아직 독립하지 못한 자식과 살아 있는 부모를 함께 부양해야 하므로 메디푸어 1순위 후보가 되고 있다.

통계에 따르면 50~60대 베이비부머의 70.8%는 아직 노부모가 살아 있어 그들을 부양하는 데 드는 의료비 지출액이 상당하다.

한국은행에 따르면 의료비 지출은 지난 2002년 1분기 4조 7500억 원에서 10년 새 2배 가까이<sup>9조 2500억 원</sup> 늘었다. 같은 기간 전체 인구 대비 65세 이상 인구 비율도 6%에서 10.6%로 4.6%포인트나 늘어났다. 한국 사회의 고령화가 급속히 진행되면서 같은 기간 비용이 증가한 것이다.

메디푸어가 양산되는 또 다른 이유는 그동안 건강보험이 암과 같은 인지도가 높은 특정 중증질환에 더 많은 배려를 하는 시스템을 고집했다는 데 있다.

실제로 재난 수준의 의료비가 발생한 가구 중 고혈압이나 당뇨 유병자 가구의 비중은 각각 27.8%, 17%에 달해 근골격계질환<sup>7.1%</sup>, 중풍·뇌혈관질환<sup>3.7%</sup>, 대장·직장암<sup>1.3%</sup>, 유방암<sup>1.2%</sup>, 위암<sup>1.2%</sup> 등보다 훨씬 높았다. 고혈압이나 당뇨 같은 만성질환이 가계 살림에는 더 큰 위협이라는 것이다.

## 4대 중증질환 및 만성질환자들 위한 건강보험 보장률 확대 시급

메디푸어를 줄이기 위해서는 우선 만성질환에 초점을 맞춘 보험 정책을 펼쳐야 한다는 주장이 제기되고 있다.

현재 1070만 명으로 추산되는 고혈압·당뇨 환자는 오는 2040년 1840만 가구까지 치솟아 2명 중 1명꼴로 약봉지를 달고 살아야 할 것으로 전망된다. 질병 구조가 변화하면 의료 정책의 중심 역시 이동해야 한다는 것이 정설이다.

새정부가 추진하는 4대 중증질환 100% 보장 공약이 불가능하다면 우선 비급여 항목을 급여화 하는 것부터 실시해야 한다는 주장도 있다.

현재 건강보험 보장률을 63% 유지하는 데만 향후 5년간 45조 8000억 원이 소요되고, 보장률을 7% 더 올리는 경우 60조 이상이 드는데 이 수치를 100%로 끌어올린다는 것은 역부족이다.

따라서 100% 보장 개념을 본인 부담 100% 보장이 아닌 비급여 항목의 100% 급여화로 바꿔야 한다는 주장이다. 그러면 4대 중증질환에 들어가는 예산을 줄일 수 있어 만성질환 환자에게도 의료 혜택이 돌아갈 수 있을 것이다.

# 연금 없고 노후 대비 없어
# 나이 들수록 가난

## : 실버푸어

**● 서울 노원구에 사는 이정순 할머니**<sup></sup>[68 · 가명]

이정순 할머니는 오늘도 폐휴지를 모으기 위해 새벽같이 일어났다. 아침부터 동네 한 바퀴를 도는 걸 시작으로 하루 종일 폐휴지를 주웠으나 수중에 들어온 돈은 고작 1만 원 남짓이다. 요즘엔 경쟁자도 늘어나 조금이라도 늦게 일어나면 허탕 치기 일쑤다.

동주민센터에 전화해 기초생활보호대상자에 포함시켜 달라고 사정해 보지만 할머니를 부양할 자식들이 있어 안 된다는 답변이다. 아들 하나에 딸 둘 합쳐 자식 셋이 있지만 할머니를 부양하는 자식은 사실상 없다. 고작 9만 원 남짓의 기초노령연금을 받긴 하지만 병원비와 전기 · 가스 요금 등을 내고 나면 끼니 걱정까지 해야 할 형편이다.

할머니는 그동안 남편과 함께 자식 뒷바라지를 위해 안 해본 일이 없

60

다. 건물 청소 아르바이트, 동네 식당일…… 젊은 시절 남편과 열심히 일하면서 번 돈으로 작은 집을 마련했지만, 그마저도 자식 셋의 결혼 자금으로 처분한 지 오래다. 5년 전 남편을 여의고 혼자가 되면서 사정은 더 어려워졌다. 일거리를 구할 생각은 오래전에 접었다.

가난의 대물림이라고 했던가. 자식들도 먹고살기 바빠 할머니를 신경 쓸 경제적 여력이 없다. 할머니는 자식들에게 짐이 되긴 싫다며 죽기 전에 큰 병이나 안 걸리는 것이 소원이라 한다.


## 다양한 푸어들의 종결판인 실버푸어

'실버푸어 Silber poor'는 제대로 된 노후 준비를 하지 못해 은퇴 후 빈곤층으로 전락하는 노인 가구를 칭한다. 허니문<sup>웨딩</sup>푸어, 하우스푸어, 에듀푸어, 워킹푸어, 리타이어푸어 등 다양한 푸어들이 결합돼 최종적으로 마감되는 용어이다 보니 가장 안타까운 신조어다.

최근 OECD 자료에 따르면 한국의 경우 노인 빈곤율은 45.1%로 회원국 중 가장 높은 수준이다. 30개 가입국의 평균 노인 빈곤율 13.5%와 비교해 3배 이상 높다.

노인 빈곤율이란 만 64세 이상의 노인 가구 중 중위 가구 소득 절반 미만의 소득자 비율로 측정되는 상대적 빈곤 개념이다.

이처럼 노후 소득을 보장받지 못하는 노년층이 늘고 있는 이유는 크게 개인과 국가, 두 가지 차원에서 얘기될 수 있다.

우선 요즘 20대~30대들은 결혼과 동시에 빚을 지기 시작하다 보니 빚의 사슬에서 벗어나지 못하는 악순환의 연속이다. 한없이 치솟는 고공 물가와 전세난 속에서 여유 자금을 마련할 겨를이 없다. 더구나 저성장으로 인해 나이를 먹을수록 소득은 줄고 자녀를 위한 비용과 보건의료비 지출에 많은 돈을 쓰게 된다. 이 때문에 은퇴 뒤 삶을 대비하는 경제적 기반은 점점 취약해질 수밖에 없다.

2013년 4월 국민연금연구원이 발표한 바에 따르면 2010년 기준, 개인연금과 퇴직연금은 물론 공적 연금에조차 가입하지 않은 사람들의 비율이 전체 조사 대상의 41.9%나 된다고 한다. 우리나라 국민 2명 중 1명은 현재 어떤 노후 준비도 하고 있지 않다는 증거다. 공적 연금에만 가입한 경우는 30.2%였으며 공적 연금·개인연금·퇴직연금 모두에 가입한 사람은 3.9%에 불과했다.

이런 상황에서 급격한 고령화에 따른 노후 소득 보장 체계가 제대로 갖추어지지 못한 것도 문제다. 노인 복지 지출은 OECD 평균이 6.8%인데 우리는 그 4분의 1 수준이다. 가입 국가 중 멕시코를 빼면 꼴찌다.

기초노령연금제도 등이 시행되고 있지만 한없이 늘고 있는 노인 인구에 맞춰 국가 재정을 무한정 쏟아 붓기에는 한계가 있다. 현재 만 65세 이상 노인의 약 70%에 지급하는 기초노령연금은 최고 월 9만 6800원 수준으로 생계에는 턱없이 부족하다.

### 자녀 교육에 올인하지 말고 스마트한 노후 대비를!

실버푸어로 전락하지 않기 위해서는 개인 차원의 준비가 우선돼야 한다. 저성장 국면이 장기화되면서 보다 내실 있는 은퇴 준비가 필요하다. 신혼 시절부터 부담 없는 주거에서 빚 없이 출발하면서 노후 자금, 교육

자금 등을 미리미리 준비해야 한다. 젊은 시절부터 건강 관리를 하는 것도 보건의료비 지출을 막기 위한 추가적 노력이다.

몇몇 전문가들은 노년층의 빚 부담을 줄이려면 국가 차원에서 기초생활보장제도를 정비해야 한다고 조언한다. 사실상 자식 도움을 받지 못하고 있는데 서류상의 존재 이유로 혜택 받지 못하는 노인을 국가가 돌보지 않는 것은 문제라고 지적한다. 국민연금 수령액을 늘리는 것부터 시행될 필요가 있다.

또한 정부는 노인 복지 지출의 현금 지원 확대와 서비스 지원 차원의 제도적 확충에도 심혈을 기울여야 한다. 가계 부채 부담을 줄여 주는 방안과 함께 노년층 복지 체계를 재정립하는 것도 시급하다.

# 우리는 왜 자녀 교육에 올인하는가

### 에듀푸어 82만 가구, 305만 명 시대

최근 들어 에듀푸어가 사회적 이슈로 떠오른 것은 고령화 사회를 맞으면서 노후 준비와 에듀푸어 문제가 밀접한 상관관계를 이루기 때문이다. 부모들의 노후 준비에 있어 가장 큰 걸림돌이 바로 교육비라는 얘기다.

# 에듀푸어
# 305만 명 시대

'에듀푸어'라는 말은 최근 들어 만들어졌지만 에듀푸어가 형성된 것은 오래전 일이다. 한국은 세계 각국이 부러워할 교육열을 갖고 있다. 이 교육열이 엉뚱한 방향으로 발현되면서부터 에듀푸어가 양산되기 시작했다.

최근 들어 에듀푸어가 사회적 이슈로 떠오른 것은 고령화 사회를 맞으면서 노후 준비와 에듀푸어 문제가 밀접한 상관관계를 이루기 때문이다. 부모들의 노후 준비에 있어 가장 큰 걸림돌이 바로 교육비라는 얘기다.

사는 곳이나 직업, 재산에 있어 부러움을 살 만한 사람들도 요즘은 입에 '돈이 없다'라는 말을 달고 산다.

내 자식이 태어나 걷기 시작하면서부터 다른 아이와 다르게 키워 성공시키고 싶다는 부모들의 교육열이 집안의 모든 재산을 올인하게 만들기 때문이다. 말문이 트이자마자 유치원에 보내 영어는 물론 초등 교과 과정을 가르치고, 초등학교를 다니면서는 중등 과정을 선행 학습시킨다. 적게는 한 단계씩, 많게는 두 단계를 건너뛰는 경우도 있다.

대입에 필요한 논술 교육은 여섯 살 때부터 시작된다. 읽는 것도 벅찬 아이에게 내용을 사고하라고 강요한다.

영어는 대입과 취직에 필수라는 공식이 생기고부터는 유아기 때부터 영어 과외를 받는다. 아이가 듣든 말든 100만 원짜리 영어 테이프를 틀어 놓고 영어를 주입시키느라 법석이다.

교육열의 피크는 역시 고등학교 시기다. 수능에 내신에 논술에 입학사정관제까지 준비하다 보니 한 아이에게 드는 교육비는 최소 월 300~500만 원을 능가하며 최대치는 우리의 상상 범위를 초월한다.

대학을 보내면 끝인가 했더니 취업 스펙을 쌓기 위한 교육비가 또 든다. 문제는 이 비용이 과연 제값을 했는지, 온당한 것인지에 있다. 너무 일찍 인지 발달을 위한 학습을 시키면 뇌가 크게 손상된다고 한다. 교육비 투자가 아이의 뇌를 퇴보시킨다는 이야기다. 대학 입시와 취업을 위해 영어 교육비에 많게는 수억 원을 투입했는데 정작 실질적 이득을 본 대학과 기업은 비용을 하나도 지불하지 않는다. 이런 구조가 정당한가? 수능과 내신, 논술, 입학사정관을 위해 과외를 시키고 경험을 만드는 데 많은 비용을 투자했는데 자주 바뀌는 전형 때문에 교육비가 무용지물이 되기도 한다.

자녀의 미래와 행복을 위해서라는 미명 아래, 부모들 자신의 성공과 출세에 대한 욕망을 자녀에게 투영, 교육비에 모든 것을 올인했음에도 '기러기 아빠' '대전동 아빠'들은 가정 해체의 수순을 밟고 있다.

이번 장에서는 유아기부터 시작되는 아이들의 사교육 현실과 이런 교육비 지출이 과연 옳은지에 대한 진지한 물음을 던짐으로써 자녀 교육과 노후 대비 사이에서 고민하는 부모들의 딜레마를 진단하고자 한다.

# 엄마들의 치맛바람,
# 상상 초월 교육비

'치맛바람'은 1970년대나 2010년대나 같은 목표를 가진다. 내 아이들에게 더 좋은 교육 환경을 조성해 주어 사회의 리더로 자리매김하게끔 만들어 주자는 것이다.

그러나 요즘 치맛바람엔 과거와 다른 것이 하나 있다. 바로 자녀들 교육에 주도적인 엄마들이 학교 선생님이나 일부 전문가들보다 더 많은 정보를 갖고 공교육을 포함한 교육 문제 전체를 좌지우지한다는 것이다. 말문을 열기 시작할 때부터 자녀가 최고의 회사에 취업할 때까지 이 엄마들은 항상 더 좋은 것을 추구하며 자신의 자녀가 속한 교육 그룹에 프리미엄을 붙여 간다.

일반 유치원이 아닌 영어 유치원이 생기면서 학원비가 3배로 껑충 뛰고 돼지엄마들이 만든 그룹 과외는 과외비 상승을 부추겼다. 내 자녀에게만은 특별한 것을 해주고 싶다는 엄마의 마음이 커질수록 사교육 비용은 천정부지로 치솟고 있는 것이다.

엄마들이 사교육에 올인하는 것은 사교육을 해야 좋은 대학에 갈 수 있고 좋은 대학을 가야 좋은 직장에 입사할 수 있다는 성공에 대한 확고한 믿음과 판타지 때문이다. 이러한 맹신은 실제로 사교육을 받은 학생들이 SKY에 진학하고 이들의 학맥이 권력으로 가는 디딤돌이 되는 사례가 사회 곳곳에서 부지기수로 등장하는 데서 시작된다.

## 서울 전역으로 퍼지는 '강남식 과외'

||| 월급 900만 원, '강남에 살지만 전 돈이 없어요'

"저는 강남에 살지만 돈이 없어요."

강남에 살면서 중고등학생 자녀를 둔 엄마들이 학원에 상담을 받으러 오면 가장 먼저 하는 말이란다. 그러나 실제 이들의 수입은 적지 않다. 서울 강남구에 사는 김진영 씨[48·가명]는 남편의 월급 587만 원과 자신의 월급 300만 원을 합해 한 달 수입이 900만 원 가까이 된다. 그러나 이중 절반이 자녀 교육비로 들어간다.

"강남에서 과외를 하면 그냥 중간 레벨의 선생님을 써도 150만 원부터예요. 요즘은 옛날처럼 전 과목을 과외하는 분위기가 아니라 주로 한두 과목만 과외를 하는데도 기본 가격이 높으니 만만치가 않네요."

입시 제도가 변해 과거처럼 국영수와 사회탐구, 과학탐구 전부를 공부해야 하던 시절보다는 부담이 줄었지만 경쟁이 더 치열해지면서 수학이나 영어 같은 과목은 집중적으로 공부하지 않으면 경쟁에서 이기기가 쉽지 않다는 게 김진영 씨의 말이다.

"그렇다고 그 한 과목만 할 수 없잖아요. 저희 아이는 수학 과외에 150만 원을 주고, 영어는 좀 하니까 일반 학원을 가요. 다른 과목들은 인터넷 강의를 듣고요. 그것만도 한 달에 200만 원은 거뜬히 넘죠."

둘째 아이가 중학교에 들어가고부터는 교육비가 배로 뛰었다.

"첫째 아이가 고2인데 첫째를 공부시켜 보니 중학교 때부터 기본기를 잘 닦아 두는 게 중요하다는 생각을 하게 됐어요. 수학과 영어 과외에 딱 200만 원이 드네요. 그것도 가격을 많이 낮춘 수준이에요."

일반적으로 대학생이나 직업 과외 선생님을 모시려면 과목당 40~50만 원 정도를 주는데 수학이나 영어의 경우는 선생님 한 분만을 모실 수 없단다.

수학은 학교 진도를 따라가는 과외와 선행 학습 과외를 병행해야 하기 때문이다. 영어의 경우도 듣기와 말하기, 쓰기 같은 실용 영어와 학교 수업과 시험용 영어 과외를 따로 해야 해서 선생님 두 분이 필요하다.

"한 달에 두 자녀 교육비에 400만 원이 든다고 하면 일반 분들은 미쳤다고 할지 모르죠. 하지만 강남에서는 일반적인 가격이에요. SKY를 목표로 강남에 들어왔다면 이 정도는 감수해야 하는 게 아닌가 싶어요."


||| 자율고 보내려고 직장도 포기, 인생도 포기

김진영 씨와 같은 아파트에 사는 송현지 씨[52·가명]는 김씨 가정보다 소득이 조금 낮다.

"우리 아들이 강남에 있는 자율고에 진학을 했어요. 그것 때문에 잠실에 살다 이곳으로 이사를 왔죠. 이사하는 데 그동안 모은 돈 전부를 써서 기본적으로 가지고 있는 목돈이 없어요. 월급으로만 살아야 하는데 제가 퇴직을 하는 바람에 600만 원 정도 되는 남편 월급으로만 생활해요."

송씨의 경우는 하나 있는 아들의 교육을 위해 전 재산과 인생까지 올인한 경우다. 그는 모 금융사에서 25년 일했는데 아들을 자율고에 넣으려고 학부모 커뮤니티에 참여하면서 직장까지 그만뒀다.

"직장을 다니면서 학부모회 활동하는 게 불가능하더라고요. 금융 회사는 마감하면 보통 10시 퇴근이 기본이거든요. 엄마들끼리 자주 모이는 곳에 가야 정보도 얻고 제 정보도 어느 정도는 주면서 관계를 유지할 수 있는데…… 그래서 내 인생이냐 아들 인생이냐를 놓고 고민하다 결국 아들을 위해 내 인생을 포기했죠."

사실 따지고 보면 아들 인생을 택할 수밖에 없는 구조였단다.

"자율고 진학을 원하는 5명이 모여 팀을 꾸렸는데 중1부터 시작된 이 팀을 나오기가 쉽지 않더라고요. 고액 과외를 하는데 한 명이 빠지면 다른 아이들이 부담해야 하는 교육비가 높아지기 때문이죠. 또 학습 분위기를 해치기 때문에 한번 탈퇴한 학생은 소문이 나서 다시는 좋은 그룹에서 공부하기 힘들어요. 특히 이 팀을 주도적으로 만든 돼지엄마 눈밖에 나면 이 지역에서 아이 공부는 끝났다고 봐요."

모아 둔 돈 전부를 쏟아 붓고 직장까지 그만두면서 아들을 자율고에 보내긴 했으나, 너무 잘하는 아이들만 모인 터라 이 그룹에서 수준을 유지하기란 더 어렵단다.

"자율고만 보내면 될 줄 알았더니 이게 시작이었어요. 제가 아는 엄마는 아들 수학 성적이 20점이라 600만 원 주고 과외를 시키더라고요. 6개월 동안 총 3600만 원이 들었는데 점수가 50점으로 올랐어요. 남들이 들으면 30점 올리자고 그 많은 돈을 들이냐고 하겠죠. 하지만 수준이 높은 아이들 사이에서는 10점 올리기도 만만치가 않아요. 사실 돈이 있으면 더 시키고 싶어요.”

그녀는 더 좋은 선생님을 아들에게 붙이기 위해 집을 담보로 은행 대출을 신청했다.

“대출이야 조금씩 갚아 나가면 되는 거지만 아들 대학 입시 기회는 많은 게 아니잖아요. 재수 삼수를 계속할 수도 없고요. 단번에 끝내도록 투자하는 게 더 남는 거라고 생각해요.”


||| 강남 돼지엄마……목동, 여의도에도?

목동의 한 고등학교에 다니는 딸을 둔 주부 이혜숙 씨[52 · 가명]. 일명 돼지엄마는 강남에만 있는 게 아니라고 말한다.

“강남에 살고 있진 않지만 우리 아이들도 목표가 같으니 강남에 있는 아이들과 경쟁해야 하잖아요. 그러니 같은 수준으로 공부하지 않을 수 없죠. 학부모들을 끌고 다니며 팀을 만드는 돼지엄마는 목동이나 여의도, 강북 일부 지역에도 있어요.”

그녀는 자녀 교육을 위해 스스로 돼지엄마를 자처했다고 말했다.

“돼지엄마라는 단어가 나쁘게 쓰이는 것에 전 반대해요. 사실 과외비 같은 사교육비를 과도하게 올리는 사람들은 고액 과외를 하는 사람들이죠. 돼지엄마들 중에 일부는 엄마들을 모아다가 학원에 소개해 주고 소개비를 받거나, 학부모들한테 선물을 받아 욕을 먹는 경우가 있지만 대부분은 그렇지 않아요. 돼지엄마가 생긴 이유는 이왕 과외를 하는데 좋은 선생님을 모시고 싶지만 그만큼 경제적 여력이 안 되기 때문에 팀을 모아 과외비를 낮추려는 거죠. 돼지엄마가 생기는 또 하나의 이유는 입시 제도가 바뀌면서 내 아이가 들어야 하는 과목을 학원에서 안 하는 경우가 있어요. 그럴 경우 과외를 할 수밖에 없는데 팀을 짜서 가격을 조금이라고 낮추면 좋죠. 사람들은 인터넷 강의를 듣지 굳이 과외를 해야겠냐지만 아이들 중에 인터넷 강의만 집중적으로 들으며 목표를 성취할 만큼 인내심이 강한 아이는 드물어요. 요즘은 컴퓨터만 켜면 인터넷에 아이들이 좋아하는 연예인 이야기가 수두룩하고 온갖 SNS에서 쪽지가 날아오는데 그것 참으며 강의에 집중하길 기대하면 안 되죠."

이런 이유로 목동이나 여의도, 강북 일부 지역에서도 팀을 만드는 어머니들이 생기고 강남 유명 강사들을 모셔 온다.

이씨 친구인 황미혜 씨[53 · 가명]는 여의도에 살고 있는 여의도 돼지엄마다.

"여의도에는 여의도고등학교밖에 없어서 학교 주변에 학원이나 다른 교육 시설이 많이 없어요. 그렇다고 강남까지 가기에는 너무 멀고 팀을 꾸려 과외를 할 수밖에 없는 구조죠."

황씨의 말에 따르면 돈이 좀 있다는 동네와 학구열이 높은 지역은 어김없이 돼지엄마가 있단다.

"고가 사교육은 강남에서 시작됐지만 이제 서울 시내 다른 지역으로 퍼져 가고 있어요. 혜숙 씨 말처럼 어디에 살든 강남 아이들과 경쟁해야 하기 때문에 그들 수준에 맞는 학습을 시켜야 한다고 생각하거든요."

## 강남 3구 SKY 진학률·재수율 모두 고공 행진

사교육의 본가인 강남 3구<sup>강남구, 송파구, 서초구</sup>의 서울대 진학률은 어떨까? 고가 과외의 효과는 과연 있는 것일까? 교육과학기술부 자료를 보면 2011년 서울 지역 일반고 출신의 서울대 합격생은 모두 686명이었는데 이중 강남 3구 출신이 42.5%인 292명이다. 2010년 40.9%보다 1.6%나 상승했다. 그중에서도 강남구는 160명으로 최대 수준을 기록했다.

SKY 진학률도 높아져 강남구 5개교의 평균 진학률은 18.2%<sup>2011년 16.5%</sup>, 서초구는 13.1%<sup>2011년 11.2%</sup>, 송파구가 7.2%<sup>2012년 6.4%</sup>로 모두 상승 추세다. 특히 중동고는 졸업생 518명 중 112명이 SKY에 진학해 무려 21.6%의 진학률을 기록했다.

강남 3구는 SKY 진학률이 높을 뿐 아니라 재수율도 상당히 높다.

2012년 2월 서울 강남구의 모 고등학교 졸업생 진로 현황을 보면 졸업생 513명 중 4년제 대학에 진학한 학생은 31.6%인 162명뿐이다. 전문대 진학자 9.7%<sup>50명</sup>, 해외 대학 진학자 0.4%<sup>2명</sup>을 빼면 58.3%에 해당하는 사람들 중 상당수가 재수를 선택했다.

이들은 지방 의대에 합격했지만 서울권 의대에 다시 도전하거나, 연고대에 합격했지만 다시 서울대에 도전하는 사람들이 대부분이다. 이들에게 재수가 필수로 자리 잡으면서 사교육 부담률은 더 늘어나는 상황이 벌어지고 있는 실정이다.


## 대입 준비는 5세부터

||| 말문 트이고 걷기 시작하면 선행 교육 – 6세에 논술 교육까지?

서울 서대문구에 사는 최효주 씨<sup>35·가명</sup>는 여섯 살 된 아이를 집 근처에 있는 영재교육센터에 보내고 있다. 영어 유치원은 학비가 너무 비싸고 일반 유치원에는 보내기 싫어서 내린 결론이다. 영재교육센터에는 수학과 영어뿐 아니라 중국어나 한자, 미술, 음악 체육 같은 예체능과 언어도

가르쳐 준다.

"요즘은 영어는 기본이고 다른 것도 모두 잘해야 한다. 중국이 떠오르니 중국어도 배워야 하고 인성을 위해서는 예체능도 게을리 해서는 안 된다. 숙제도 내주고 검사도 실시해 피드백이 돼서 좋은 점이 있고 일반 유치원보다 초등학교에서 배우는 과목들을 많이 가르쳐 줘서 선행 학습 개념도 있다. 다른 엄마들은 유치원을 보낸 후 별도로 음악·미술·체육 과외를 시키는 것으로 알고 있다. 따로 배우는 것보다 한 곳에서 종합적으로 아이 상황에 맞게 가르치니 좋다."

최씨와 같은 아파트에 사는 한세연 씨[40·가명]는 여섯 살 된 딸을 두고 있다.

한씨는 '네 살 때부터 영어 유치원에 다녔는데 영어를 꽤 잘하는 편이다. 언어에 소질이 있는 것 같아 선생님을 따로 불러 중국어를 가르치고 있고 여학생이니 악기 하나는 다룰 줄 알아야겠다는 생각에 바이올린도 한다'고 말했다.

한씨의 경우 영어 유치원비를 빼고 중국어와 악기 과외에 한 달 50만 원 정도를 쓰고 있다.

같은 유치원에 다니는 딸을 둔 김미숙 씨[39·가명]도 '공부 외에도 체력 증진을 위해 체육 과외를 시킨다'며 '아파트 단지에 또래 엄마들이 돈을 모아 팀을 짜고 선생님을 불러서 농구부터 체조, 줄넘기 같은 체력 단련 과정을 만들었다'고 말했다.

이어 '초·중·고를 가면 수행 평가가 있는데 그때 가서 잠시 한다고 체력이나 체육 감각이 만들어지는 건 아니'라며 '어릴 때부터 체력을 길러 주는 게 좋을 것 같아서 시킨다'고 말했다.

같은 체육팀에 속한 딸을 둔 손나영 씨[38·가명]도 '공부를 잘하는 아이들이 학교 가서 체육 과목 때문에 점수를 잃는 경우가 많다'며 '학업이야 과외와 학원에서 계속 배우고 반복하면 되지만 체육 같은 것은 그때 가서 할 수 있는 문제가 아닌 것 같다'고 말했다.

주변 아파트에는 독서 토론이 인기 과목이란다. 손나영 씨는 '옆 아파트에 동화책을 읽고 토론회를 하고 글짓기를 하는 반이 있다고 들었다'며 '논술을 대비하려면 어릴 때부터 책을 읽고 자기주장을 펼치는 방법을 가르쳐야 하기 때문'이라고 말했다.

이어 '조금 거리가 있긴 하지만 아이를 데리고 그곳에 가서 공부를 해 볼까 한다'며 '조기 교육이 나쁘다 좋다 말이 많지만 좋은 습관은 어릴 때부터 길러 줘야 한다고 생각한다'고 말했다.


### ┃┃┃ 유치원 입학 '전쟁 수준' – 입학하면 돈벌레

'유치원 줄서기 해드립니다. 최근 5년 동안 줄서기 경험을 바탕으로 절대 자리 이탈 없고 책임지고 줄서 드리겠습니다. 가끔 줄서기 하다 보면 중간에 춥다고 말없이 그냥 가시는 분도 보았고 말없이 자리 이탈 몇 시간 한 후에 와서 줄서는 알바 분이랑 학부모님 간에 자리 싸움하는 것도 봤습니다. 그래서 저희는 어느 정도 나이 30~40대가 있으신 분이 부모님의 마음으로 확실히 줄서 드립니다. 어떤 이유를 막론하고 선착순 안에 들지 못한다면 200% 환불해 드리겠습니다. 요금은 후불이며 지역이랑 유치원명 날짜 문의 주시면 성실히 답변해 드리겠습니다.'

인터넷에 '유치원 줄서기 알바'라고 검색하면 자주 등장하는 문구다. 이들의 고객은 공립 유치원이나 인기 사립 유치원에 아이를 입학시키려는 부모들이다. 유치원이 추첨제가 되면서 일부 인기 있는 유치원 여러 곳에 사람을 심어 추첨에 지원해야 하기 때문이다.

직장에 다니면서 아이를 돌보는 워킹 맘 김현주 씨[53 · 가명]는 싼 값에 유치원 추첨 줄서기를 맡겼다.

"어린이집은 대부분 4세까지만 아이를 맡아 주기 때문에 5세 때부터 다닐 수 있는 유치원을 아기가 3세 되던 해부터 물색해 뒀어요. 입학 설명회를 가지 않으면 추첨 기회를 주지 않는다더군요. 유치원마다 입학 설명회 일정과 방법이 상이해서 여러 군데 원서를 내야 하는 경우 설명회마다 모두 참여하는 것은 쉽지 않아요. 저는 직장 문제도 있고 해서 대리를 썼죠. 아파트 동네 아주머니들께 부탁했는데 총 6군데 들기 위해 40만 원을 드렸어요. 업체 같은 데는 그보다 좀 더 들겠죠."

입학 설명회를 다 듣고 원서를 냈다 해도 추첨이 남았다. 그때부터는 줄서기 전쟁이다.

"줄서는 데도 또다시 돈을 드려야 하더라고요. 업체에 부탁하면 80만 원 정도 한다기에 너무 비싸다 싶어 입학 설명회를 부탁드렸던 동네 아주머니들께 다시 부탁했죠. 또 60만 원이 나갔어요. 다행히 우리 아이는 유치원에 입학해서 다행이지만 이렇게 돈을 쓰고도 떨어지면 6세 때 또 한 번 전쟁을 치러야 해요."

그러나 모든 유치원이 그런 것은 아니다. 중소형 유치원은 아이들이 없어 정원 미달 사태로 유치원 문을 닫아야 하는 곳도 있다.

## 사교육 시장으로 흘러들어간 무상 교육비

무상 교육으로 풀린 돈은 모두 어디로 갔을까? '0~5세 무상 보육' 전면 실시로 수조원대의 무상 보육 예산이 투여된 2012년 만 0~5세 자녀 1인당 보육 및 교육비는 오히려 늘었다. 기존 교육비는 그대로 두고 지원금을 학습지나 영어 과외 같은 사교육에 쓰기 때문이다. 일부는 기존 교육비에 지원금을 보태 그동안 비싼 관계로 보내지 못했던 영어 유치원에 아이를 보내는 경우도 있다.

보건복지부가 2013년 만 0~5세 영·유아 자녀를 둔 2500여 가구 및 어린이집 4000곳을 대상으로 조사한 '2012년 보육실태'를 보면 만 0~5세 영·유아의 1인당 평균 보육 및 교육비는 20만 8700원으로 2009년 18만 9500원보다 2만 원쯤 올랐다.

같은 기간 정부 지원금이 배로 늘었다는 점을 고려하면 무상 보육의 효과가 사교육비에 묻혔다고 봐도 무방하다. 2012년 정부의 보육료 및 양육 수당 지원금은 4조 9400억 원으로 2009년 2조 7000억 원보다 2조 2400억 원 늘었다.

특히 거대 시장으로 성장한 곳은 영어 유치원·미술 학원 등의 간판을 내걸고 보육 서비스를 제공하는 사설 기관이다. 이곳 이용비는 2012년 83만 2300원으로 2009년 46만 8600원보다 36만 원이나 폭증했다.

음악·체육·수학 같은 각종 학원과 학습지 교습을 받는 아이들도 많았다. 2012년 기준 만 5세 아동의 경우 2명 중 1명꼴로 '과외'를 받았다. 과외 받는 아이 10명 중 9명은 어린이집·유치원에도 동시에 다니고 있었고, '주 9시간 이상' 과외를 받는 비율도 15%나 됐다.

경기도에서 유치원을 운영하는 박미림 씨[54·가명]는 '정부의 무상 보육 정책이 실시되면서 기존 보육료에 지원받은 보육료를 합해 대형 유치원이나 영어 유치원에 아이를 보내는 학부모들이 많아졌어요. 때문에 중소

## 사교육 참가율, 유치원생이 최고……양극화도 심각

'영유아에게 과외를 시키는 건 일부 엄마들일 것이다'라고 생각하는 사람들이 많다. 그러나 이런 생각은 완전히 빗나갔다. 2012년 육아정책연구소가 내놓은 '영유아 보육·교육 비용 추정 및 대응 방안 연구'에 따르면 사교육 참가율이 가장 높은 연령대는 3세부터 취학 전까지였다.

만 3세 이상 미취학 아동의 사교육 참가율은 99.8%, 초등학생은 88.8%, 중학생과 고등학생이 차례로 74.6%와 55%를 기록했다.

양극화도 유치원생이 가장 심하게 나타났다. 최근 몇 년 사이 고소득층 학부모들이 만 3~5세 취학 전 자녀들을 공립 유치원보다 영어 유치원, 놀이 학원 등 수업료가 비싼 사교육 시장에 보내고 있기 때문이다.

월소득 800만 원 이상인 가구에서 만 3세~취학 전 아이들의 70.6%가 영어 학원, 20.6%는 놀이 학원, 5.9%는 미술 학원을 이용한 것으로 나타났다. 학원에 다니는 아이의 55.2%는 다른 사교육도 받고 있었다. 반면 300만 원 미만 가구는 미술 학원 42.2%, 영어 학원 31.1%, 놀이 학원 5.8% 순으로 나타났다.

형 유치원들은 전부 문을 닫아야 할 판이에요. 인기 공립이나 고가 사립 유치원에 떨어진다고 저희 유치원에 오는 게 아니라 대부분 재수를 하거든요'라며 한탄했다.

이렇게 아이가 유치원을 다니기 시작하는 순간부터 다시 목돈이 무한정 들기 시작한다.

어린이집보다 규모가 큰 유치원은 보육료를 자율적으로 정하기 때문이다. 국공립 유치원은 워낙 경쟁이 치열해서 사립 유치원 대기표를 받아 다시 지원한 김현아 씨[36·가명]는 인터넷 포털 '다음 아고라'에 일반 사립 유치원에 드는 비용에 대해 모두 공개했다.

입학할 때 구입해야 하는 가방과 도시락통 비용이 포함된 입학금은 15만 원, 처음 완납하는 유치원 교복비가 13만 5000원이었다.

이뿐만이 아니다. 매달 고정적으로 들어가는 비용은 교육비 22만 5000원, 수행성 경비 23만 원, 주5회 실시하는 특강비는 최소 5만 원에서 10만 원이었다.

아무리 무상 보육이라 해도 적게는 30만 원에서 많게는 50만 원씩 별도의 추가 비용이 든다는 이야기다.

아이를 영어 유치원에 보낸다면 학비로만 100만 원 정도를 잡아야 한다. 유치원생 딸을 둔 손민형 씨[38 · 가명]는 '딸을 영어 유치원에 보내는 데 100만 원 정도 들어요. 교재비나 기타 항목 빼고 순수 학비로만요. 보통 영어 유치원은 학비가 90만 원인데 60~70만 원 정도도 있다고 하더라고요. 그런데 너무 어린아이들이라 원어민과 대화하는 게 쉽지는 않아요. 그래서 저희 유치원 어머니들은 집에서 1:1 화상 영어를 같이 병행시키는 경우가 많아요."

혼자 말할 기회가 많으니 회화가 늘 테고 그 실력으로 유치원에 가서 다시 복습하고 오는 거란다.

따로 과외는 하고 있지 않지만 자녀를 고가의 영어 유치원에 보내는 손슬기 씨[38 · 가명]는 '유치원에서 영어와 한국어 2개 언어를 가르친다' 며 '전문가들이 나서기 때문에 영어 조기 교육의 폐해인 한국어 습득 불안을 불식시킬 수 있다' 고 말했다.

또 '학비가 1년에 1700만 원 정도 되지만 음악 · 미술 · 체육 · 무용 등의 다양한 유아 특성화 과목도 운영되고 있어 따로 과외할 필요가 없어 이중으로 교육비가 지출되지는 않는다'고 말했다.

## 취업 때까지 '엄마 신세'

||| 딸 이력서 한 장 만드는 데 3700만 원 - 퇴직 앞둔 부모는 '고민'

서울 소재 대학 2학년 생인 한미연 씨[21·가명]는 벌써부터 취업이 걱정이다. 영어 성적도 잘 받아야 하고 제2외국어 하나쯤은 해야 경쟁력이 있다는 판단에서다. 컴퓨터 자격증란에 적을 게 하나 정도는 있어야 하고 해외 연수도 기본 중의 기본이다.

한씨는 '요즘 대학생들이 선호하는 회사에서는 토익스피킹이랑 오픽OPIC, 컴퓨터를 통해 진행되는 언어 능숙도 시험까지 요구하는 경우가 많다'며 '기존 영어 자격증 요구 사항에 추가되는 것이라 돈은 2배로 든다'고 말했다.

한씨가 영어·중국어 학원과 컴퓨터 학원에 지출하는 돈은 월 평균 50만 원선, 연간 600만 원 정도다.

응시료도 만만치 않다. 토익은 4만 2000원 정도인데 1년에 9회 정도 테스트한다고 치면 연간 38만 원, 토익스피킹이 1회 7만 7000원, HSK는 5~8만 원선이다. 컴퓨터 자격증까지 합하면 연간 응시료만 100만 원은 잡아야 한다. 게다가 해외 연수 갔다온 경험이 없으면 바보 취급당한다.

한씨는 '학교에서 보내 주는 유학을 신청했는데 학점이 좋지 않아 떨어졌다'며 '유학원을 통해 알아보니 영어권은 1년 비용을 3000만 원 정도로 잡아야 한다고 하더라'고 말했다.

한씨의 경우 학원비 600만 원에 시험 응시료 100만 원, 유학 비용

3000만 원을 더하니 대학 등록금 외에 순수하게 취업 준비를 위해 드는 돈이 1년에 3700만 원 정도였다.

그녀는 '부모님도 투자라고 생각해 보내 준다'며 '대학 졸업하고 취업할 때까지는 부모님의 그늘에서 벗어날 수 없다'고 말했다.

한씨의 어머니는 2~3년 후가 더 걱정이란다.

"남편이 퇴직을 앞두고 있어서 딸이 졸업과 동시에 바로 취업해야 한다. 그래서 지금 딸 취업에 드는 돈은 무조건 지원한다. 그런데 만약 취업도 못하고 계속 학원 비용과 자격증 비용이 나가야 한다면 빚을 질 수밖에 없다. 자녀가 대학생 나이 정도 되면 대부분이 퇴직을 바라보는 나이라 이런 걱정은 나만의 걱정이 아니라고 본다."


||| 대입보다 더 센 '취업 치맛바람……유엔만 들어갈 수 있다면'

엄마들의 치맛바람은 대학 입시에 국한해서 나타난 현상이었다. 그러나 이제는 다르다. 자녀의 취업 문제까지 그 영역을 넓히고 있다.

서울 명문대에 진학한 최연정 씨[21·가명]는 벌써 취업할 곳을 정하고 맞춤형 스펙을 쌓기 위해 준비하고 있다.

최씨는 '부모님이 취업 설명회를 먼저 듣고 오셔서 필요한 학업을 모두 세팅해 준다'며 '부모님의 꿈은 내가 유엔 같은 국제기구에 입사하는 것'이라고 말했다.

국제기구는 정보를 많이 알수록 취업하는 데 유리하기 때문에 엄마들은 아이들 대학 입시 때처럼 몰려다니며 설명회를 듣는다.

최씨는 '엄마들이 모여 만들어 준 스터디에서 영문 필기시험과 토론을 준비했다’며 ‘유엔 출신 강사를 직접 초빙해 강의를 듣는데 매일 하는 것은 아니고 한 달에 한두 차례 강의를 실시, 스터디의 나갈 방향을 잡아 준다’고 말했다.

이어 ‘내가 진출하고자 하는 유관 분야 경험을 쌓기 위해 학교를 다닐 때도 인턴을 많이 지원했는데 이때도 엄마들이 나서서 알아봐 줬다’며 ‘엄마가 나보다는 발이 넓어서 인턴 정보를 많이 안다’고 덧붙였다.

최씨의 어머니인 김찬영 씨[49·가명]는 ‘국제기구 취업을 전문적으로 컨설팅해 주시는 분이 있다’며 ‘먼저 자녀를 국제기구에 보낸 어머니들이 대부분인데 취업 설명회 일정과 배워야 하는 과목들, 강사들 섭외를 도와준다’고 했다.

한 달에 드는 비용에 관해서는 ‘영어 수업과 토론 강사비 200만 원[한 달], 스피치 기술 강의 50만 원[한 달], 컨설팅 비용 300만 원[1회] 정도가 드는데, 이 정도면 국제기구 취업을 준비하는 엄마들 사이에서는 많이 드는 경우에 속하지도 않는다’고 말했다.

# 01

## 사교육
## 걱정 없는 세상

—윤지희(〈사교육걱정없는세상〉 공동대표)

### 부모들은 왜 사교육에 목매나

지구상에 존재하는 240여 개의 국가 중에서 사교육이 가장 극심하고 이로 인해 고통 또한 가장 심한 나라를 꼽으라면 단연 대한민국이 1등일 것이다. 공교육보다 오히려 사교육을 더 중시하는 의식을 갖고 있는 나라도 우리나라밖에 없다. 국민들의 의식 속에 이렇게 공교육 학교에 다니듯이 사교육 받는 것을 당연하게 여기게 된 것은 그리 오래되지 않았다. 불과 30년 전까지만 하더라도 사교육 참여율이 10% 정도를 밑돌았다. 하지만 이제 겨우 자녀를 낳고 키우는 20~30대 부모들은 이미 자신이 자라면서 사교육의 수혜를 어느 정도 받고 자란 세대인데다, 1990년대 IMF 이후 직장을 얻은 세대로, 자신들이 직장을 얻게 된 과정에서 치열한 경쟁 상황을 겪다 보니 자녀에게 사교육을 시켜야 살아남을 수 있다는 의식이 더욱 강화된 것이라 본다. 지금 어린 자녀를 키우는 부모들은 대부분 고학력을 소지하고 있지만, 자라나는 과정에서 경제적, 심리적 여유를 갖지 못한 세대라 볼 수 있다. 90년대 이후 세계화 담론 속에서 무한 경쟁만을 강요받고 자란 세대다. 그런 점에서 자녀 교육에 대한 전인적 관점을 제대로 갖지 못한 불행한 세대라 할 수 있다.

### 너무 이른 사교육의 영향은?

이들 세대의 가장 두드러진 특징은 아주 어릴 때부터 부모가 모든 것을 해주었기 때문에 성장 과정에서도 외부의 힘을 빌리지 않으면 아무것도 할 수 없다는 것이다. 가령, 영유아 시기에 하는 가장 자연스러운 일상 활동인 놀이나, 신체 활동, 책 읽어 주기와 같은 것조차도 사교육에 의존하는 것이다. 더 전문적으로 해주기를 바라는 마음에서 출발한 것처럼 보이지만 사실은 아이와 어떻게 놀고, 어떻게 시간을 보내야 할지를 몰라서일 수도 있다. 무엇보다 영유아 시기에 가장 중요한 것은, 물질이 아니라 부모와의 정서적 교감과 유대감이라는 것을 놓치고 있는 것이다.

부모는 자식에게 이 세상에서 가장 좋은 것만을 해주려 한다. 더 전문적이고 더 세련되고 더 효과적인 교육을 제공하고 싶어 한다. 그래서 고가의 교육비도 아깝지 않다고 생각하는 것이다. 그러나 그것이 자녀에게 가장 나쁜 '독'이 될 수도 있다는 것을 알아야 한다. 뇌 발달의 원리를 상식 수준에서 조금만 이해한다면, 무리하게 앞서서 교육시키는 것이 인지 발달에 있어 얼마나 무모한지를 알 수가 있다. 사람의 뇌는 생명 유지의 뇌, 감정과 본능을 관장하는 뇌, 이성 및 학습을 관장하는 뇌로 구성돼 있는데 이 세 영역은 순차적으로 발달하게 되어 있다. 3~6세에는 감정과 본능의 뇌가 발달하는 시기로, 이때에 충분한 감정과 정서의 발달을 경험하지 못하면 고차원적 사고를 하는 뇌 발달이 제대로 되지 않는다. 그러니까 너무 조기에 인지 발달 학습을 시키거나 언어 발달을 관장하는 뇌가 발달하기도 전에 외국어 학습을 시킬 때 뇌는 심각하게 훼손될 수 있다. 결국 유능하고 경쟁력 있는 아이로 키우겠다는 부모의 욕심이 오히려 아이를 망칠 수 있다는 점이다.

### 아이 교육에 있어 부모의 역할은?

인생은 장기 레이스와 같은 것이다. 부모가 세상을 떠난 이후에도 자녀는 수십 년을 더 살아가야 한다. 세상에 60억 인구가 있지만, 사람마다  유전 형질이 모두 다르고, 살아가는 환경마저 다르기 때문에, 결국 인생의 주인 공은 자기 자신일 수밖에 없다.

또한 인생에는 성공도 있지만 실패와 좌절의 경험을 더 많이 하면서 사는 것 아니겠는가? 그렇다면 부모가 자녀의 인생을 끝까지 책임질 수도 없고, 매 순간 따라다니며 챙겨줄 수도 없는 현실이라면, 자녀 스스로 예측할 수 도 없는 모든 상황에서 기쁨은 기쁨대로, 슬픔은 슬픔대로 대응하고 대처하 는 힘을 키워 주는 것이 부모가 할 수 있는 최선이라 할 수 있다.

그 힘은 어디서 키워지는 것일까? 사람에게는 저마다 살아갈 수 있는 자 생력이 내재돼 있다. 그 원초적 힘이 잘 자라날 수 있도록 환경을 만들어 주 는 것이 중요하다. 나무가 자라는 원리와도 같다고 할 수 있다. 온실 속에서 사람의 손에 의지해 키워진 화초는 온실 바깥으로 나온 순간 며칠을 버티지 못하고 죽고 만다. 그러나 우리네 인생은 온실이 아니다. 햇빛과 비바람, 기 온차가 심한 광야에서 사는 것과 같다. 그러니 수많은 외부의 변화에도 굴 하지 않고 튼실한 뿌리를 내리려면, 온실 속 화초처럼 모든 것을 부모의 핸

들링으로 자라나게 해서는 안 된다. 뼈가 단단해지기도 전에 아이에게 일어
나 걸으라고 강요해서는 안 된다는 말이다. 아이가 자력으로 일어서려 할
때 손을 잡아 도움을 주는 조력자 정도의 역할만 해야 한다.

　발달의 속도도 모두 다르고, 관심사와 재능도 모두 다르다는 것을 인정해
야 한다. 모든 아이가 공부에서 1등을 할 수도 없고, 운동선수로 성공할 수
도 없는데, 우리 부모들은 자녀의 특성을 고려하기보다 바깥세상에서 잘나
가는 대상들과 비교해 아이들을 막다른 곳으로 내몰고 있는 것이다. 우리
자녀들이 사회에 나가 제 몫을 하며 행복하게 살기를 바라는 것이 부모의
최종 목표라고 한다면, 그들이 가진 잠재된 특성, 관심, 능력들을 잘 살피고
올바른 방향으로 손을 잡아 이끌어 주는 것이 부모의 올바른 역할이자 자녀
가 잘되는 길이라는 것을 잊지 않았으면 한다.

# 아빠들의 설움
## : '대전동 아빠' '펭귄 아빠'

입시 교육 열풍으로 가장 힘든 것은 누구일까. 자녀 교육이 인생 제1의 목표가 되고 있는 요즘 가정에서 40~50대 가장들은 경제적 책임자로서 엄청난 부담을 떠안고 있다. 자신의 능력치에 따라 자식이 받는 교육의 질이 달라지기 때문에 돈 못 버는 아빠는 그저 죄인의 심정으로 사는 수밖에 없다.

아내의 등살에 떠밀려 서울 강남구 대치동 전셋집으로 무리해 이사와 고생을 하기도 하고, 아내와 자녀들이 외국으로 훌쩍 떠나 버려 집에 홀로 버려진 기러기 아빠들도 많다. 이 시대 아빠들의 설움이다.

1970년대 말 아파트가 처음 들어설 때 분양 받아 입주한 대치동 사람들을 대치동 원주민족族이라고 한다. 이후 대치동이 입시 교육 중심지로 뜬 후 전세를 얻어 대치동에 입성한 사람들은 대전족<sup>대치동 전세족</sup>이라 부른다.

이 밖에도 대치동 밖에 살지만 아이를 대치동 내 학교와 학원으로 실어 나르는 대치소비족<sup>대치원정족</sup>, 대치동에서 살다가 못 견디고 지금은 타 지역으로 튕겨 나간 대타족까지 있다.

한편 텅 빈 집에 홀로 남겨진 기러기 아빠는 2013년 50만 명이고 해마다 2만 명 이상씩 급증하는 것으로 조사됐다.

기러기 아빠 151명을 조사한 결과 77%는 영양 불량 증세를 보이고 있고, 30%는 우울 증세를 보였다. 2013년 3월엔 대구에서 50대 치과의사였던 기러기 아빠가 목숨을 끊은 일도 있었다.

기러기 아빠가 얼마나 많은지는 TV에서 연예인들이 자신의 이야기를 하는 것만 봐도 짐작할 수 있다. 가정을 가진 많은 연예인 가장들이 '아이와 아내들이 외국에 있다'며 자신을 기러기 아빠라 칭하는 데 주저하지 않는다. 그들은 돈 버는 기계로 전락한 자신의 외로운 삶을 때로 희화화하기도 한다.

교육 열풍 아래 아버지들이 겪어야 하는 희생은 그저 웃고 넘기기에는 이미 너무 심각한 사회 문제가 되어 버렸다.

## 입시 교육 열풍 중심지 대치동으로 몰린 전세족들

||| 대치동 부동산 '방문객 70%가 자녀 교육 목적인 부부'

대치동 한복판에 위치한 대영부동산에는 매일 전셋집을 구하러 오는 30~40대 부부들로 북적거린다. 대부분이 주위의 20~30평 빌라와 아파트를 보러 오는 사람들이다.

대영부동산 주인 임사공 씨<sup>50 · 가명</sup>는 '통상 5월 중순부터 자녀 교육을 위해 집을 구하려는 전세 수요자들의 전화가 하루 수십 통씩 오곤 해요. 저희 고객은 70%가 애들 교육 때문에 다른 동네에서 이사를 오는 부부들이에요. 아예 신혼인 분들은 드물고요. 또 나이 많은 분들도 별로 없어요'라고 입을 열었다.

이들이 많이 찾는 거주 형태는 자가보다는 전세란다.

"예전에는 매매하는 분들도 더러 계셨는데 요새는 대부분 전세를 찾으세요. 애들 때문에 형편이 안 되는 상황에서도 무리해 오는 분들인 거죠."

임씨는 '저도 애 엄마지만 예전 집보다 훨씬 상태가 별로인 집으로 들어오시는 분들을 보면 안타깝다는 생각이 들어요. 대치동이 모든 걸 해결해 주는 낙원은 아닌데 환상이 큰 것 같기도 하고요. 내 자식 뒤처지지 않게 하겠다는 자기만족인 것 같기도 하고요'라며 씁쓸해 했다.


||| '대치동에 들어온 자체로도 안심이 돼'

6개월 전 대치동에 어렵게 전셋집을 마련한 정진수 씨[48·가명]는 아직 이곳에 완전히 자리 잡지 못한 상태다. 직장과의 거리도 꽤 멀고 낯선 것이 많지만 이런 일은 충분히 예상한 것이고 감수할 수도 있다고 했다.

정씨의 경우 서울 외곽 의정부 쪽에서 중학교를 다니던 딸의 성적이 지난 1년간 기대만큼 오르지 않아 대치동으로 주거지를 옮긴 케이스다. 그는 딸의 성적이 제자리걸음을 걸었던 이유가 입시에 크게 신경 쓰지 않는 선생님과 학교 분위기, 친구들의 영향 때문이라 분석했다.

"직장 동료들과 얘기해 보면 사는 곳의 영향, 교육받는 곳의 요인이 크다고들 해요. 거기서 살다가 다른 곳으로 이사 가서 성적 오른 애들도 많고요. 저도 나름대로 사교육을 열심히 시킨다고 시키거든요."

정씨는 6개월 전 의정부에서 주말엔 수학 과외, 평일 방과 후엔 전 과목 보습 학원에 등록해 딸을 보냈다. 부인이 그렇게라도 해야 한다고 해서 결정을 내린 것이다. 그러나 결과는 신통치 않았다. 처음엔 중간 정도의 성적을 유지하는 듯했다.

"다들 하는 말이 학원과 선생님의 질이 다르다고 하더라고요. 특히 입시가 본격적으로 시작되는 고등학교 때는 그 격차가 심해진다고요. 애를 서포트하려면 좋은 곳에 보내야 하는데 거리가 멀어지면 아이도 지치게 되고 그걸 보는 저희도 힘들잖아요."

이후 정씨는 직장 동료가 보내 효과를 봤다는 대치동 원어민 회화 학원을 수소문해서 딸을 보냈다. 또 집주변의 괜찮은 보습 학원도 등록했다. 아직 성적에 큰 변화는 없지만 그래도 정씨는 만족스럽다고 했다. 대치동에서 교육시키는 것 자체가 아이에게 큰 서포트를 해주는 것 같아 마음이 놓인다는 것이다.

과거 소유했던 40평대 아파트를 매매한 금액은 대치동 노른자위 땅에서 전세를 구하는 데 그대로 들어갔다.

"전셋값이 비싸리라는 것은 예상했지만 진짜 그렇게 몽땅 들어가니 허무하기도 하죠. 그래도 아이 교육이 더 중요하니까요. 나중에 모두 회수될 거라 생각해요."


||| '가족이 행복하게 사는 것보다 아이가 공부 잘하는 것이 중요'

중3과 고2 두 아들을 두고 있는 김성렬 씨[50·가명]는 3년째 대치동 전셋집

에서 살고 있다. 자신은 IT 중소기업의 차장이고 부인인 최영희 씨[47 · 가명]는 2년 전부터 보험회사에서 상담 업무를 하고 있었다.

경제적으로 큰 여유가 없는 이들은 원래 살던 용인에서 3년 전 대치동으로 오면서 크고 작은 갈등을 겪었다. 첫째 강남의 폭발적인 입시열에 동조하지 않았던 김씨와 부인 최씨의 교육관이 달라서이다. 김씨의 입장은 '할 애는 알아서 잘하고 못할 애는 어디 가서도 못한다' 였다. 또 왜 좋은 집을 두고 팔자에도 없는 전셋집으로 굳이 들어가냐며 반대했다. 하지만 3개월 동안 부인에게 시달리다 마지못해 이사를 결정했다.

"아내는 삶의 질보다 아이의 교육에 좀 더 무게를 둬야 한다고 매일 설득했죠. '주변에 강남에서 교육시키는 사람이 없어서 그렇다' 부터 '넓게 세상을 보지 못한다' '아이의 미래가 걸려 있다' 라는 말을 수십 번도 더 들었을 거예요."

결국 김씨는 대치동 집에서 1시간 30분 거리에 있는 직장을 다니느라 집에 오면 늘 파김치가 됐다. 아내 역시 아이를 학교와 학원으로 실어 나르고 매일같이 영양식을 해 먹이느라 바쁘다.

"대치동으로 이사한 후 저는 저대로 피곤하고 안사람은 아이 때문에 바빠서 부부 사이가 자연스럽게 멀어졌죠. 심할 때는 하루에 '밥 먹자' '자자' 딱 두 마디만 할 때도 있어요. 놀러갈 일이 있어도 아이 때문에 꿈도 못 꾸죠. 회사에서 휴가를 받아도 휴가 같은 휴가를 써 본 적이 없는 것 같아요. 대치동으로 이사 온 후에는요."

부부 관계가 소원한 상황에서 경제 문제까지 터졌다. 남편이 다니던 회사는 수출을 주로 하던 기업인데 엔화가 오르락내리락하면서 회사 사정이 어려워졌기 때문이다.

한 달에 100만 원 정도 들이던 사교육을 못할지도 모르는 상황에 처하자 부인 최씨는 김씨에게 인신공격까지 했단다.

"다른 아이들은 기본이 200만 원이라는데 100만 원밖에 안 드는 학원비를 못 내주냐고 능력 없는 남자 취급을 하더라고요. 학원비로 200만 원 300만 원씩 쓰는 사람들과 비교하면 그렇게 생각할 수도 있겠지만 저

## '좋은 학원' 모여 있어서 '좋은 학군' 된 대치동, 그 열기 하향세

2013년 6월 부동산 업계에서는 대전동의 열기가 조금씩 식고 있다고 보고 있다. 강남 3구에 순유입된 학생수는 4년 전 5000명이 넘었지만, 2012년에는 1200명 정도에 그쳐 80% 가까이 감소했다. 대치동도 같은 기간 순유입 학생수는 60% 이상 감소한 것으로 나타났다.

강남에서는 내신 성적 관리가 어려워 오히려 비강남권에서 사교육을 더 많이 받는 것이 이익이라는 이야기가 적지 않은 영향을 준 것 같다는 말이 떠돌고 있다. 큰 준비 없이 전학 왔다가 선행 학습을 하고 온 친구들을 따라가지 못하고 자퇴하는 학생도 종종 있다.

전문가들도 이런 상황과 맞물려 '경기가 회복되거나 전셋값이 떨어지지 않는 이상 대치동 학군 명성은 갈수록 퇴색될 것'이라 지적한다. 경기 침체에 천정부지로 뛴 전셋값이 이제는 학부모들이 감당할 수 있는 마지노선을 넘었고 대체 학군 지역도 여러 곳에서 생겨났기 때문이다.

2012년 대입수학능력시험이 비교적 쉬웠다는 평가도 수요자들이 대치동을 굳이 고집하지 않는 이유가 됐다. 지역 간 교육의 질이 균등해지고 공교육의 질이 보장된다면 지나치게 높은 대치동 집값의 가격을 감수하면서까지 전세를 얻어 대치동에 들어오려는 소위 대전동 사람들 문제 자체는 해결될 수 있을 것으로 보인다.

도 나름대로 열심히 살았다고 자부하는데 그렇게까지 말하니 분노가 생기더라고요."

남편은 이런 이유로 화를 내고 가정에 금이 가는 것에 안타까움을 느끼지만 부인은 아직도 아이 논술 학원 못 보낸 것에 대해서만 마음 아파한다며 한숨을 내쉬었다.

## 몸과 마음 아픈 기러기 아빠, 심각한 사회 문제

||| 기러기 아빠에도 급級이 있다 – 나는 '기러기도 못 되는 펭귄 아빠'

기계부속품 하청업체 부장 이상순 씨[55·가명]는 날고 싶어도 날아서 아이들에게 갈 수 없는 펭귄 아빠다. 연봉에서 매달 400만 원가량을 아이들에게 보내고 나면 남는 것은 고작 50만 원도 되지 않기 때문이다. 그래도 그 돈을 보내고 난 후 아이들과 영상 통화를 할 때면 기분이 좋다. 가장으로서 무언가 해냈다는 뿌듯함과 떳떳함을 느끼기 때문이란다.

그러나 그런 마음도 잠시, 다시 일상으로 돌아가 식빵과 우유로 아침을 때우고 출근하는 길이면 허한 마음을 감출 수가 없다.

"아침 식사로 따뜻한 국물과 밥은 꿈도 안 꿉니다. 누가 배웅이라도 해 줬으면 좋겠고, 예전에 그 북적거리던 집안 풍경이 그립죠. 애들 학교 간다고 애들 엄마가 일찍 일어나 챙겨 주고 같이 나가고 그러던 때가 좋았어요."

늘 좋았던 것은 아니지만 지금 생각하면 '그렇게 부대끼며 다투고 다시 풀면서 사는 게 가족이구나'라는 생각이 든다. 하루의 고된 일과를 마치고 나면 이씨는 어디선가 시간을 보낼 곳이 없는지부터 찾는다. 귀가 시간을 조금이라도 늦추기 위해서다.

"집에 들어가 봤자 더 외롭기만 하고 밥 해줄 사람도 없으니까요. 그러다 보니 회사 동료들이나 친구들을 자주 불러 술 한잔 하게 되고…… 뭐 노래방도 가고. 흔히들 말하는 남자들 가는 술집도 자주 가게 되고요. 제 주변의 기러기 아빠들이 다 그렇다고 봐야죠."

이씨는 술에 기대고 유흥 업소에 자주 들락거리게 된 것이 아내와 아이들이 자신을 떠난 후부터라고 한다. 그때부터 외로움과 고독에 시달렸고, 마음에 위안을 줄 곳, 대화를 나눌 상대를 찾게 됐다고 한다.

"이렇다 할 친구도 없어요. 있는 사람이라곤 가족이 전부였는데 애들 엄마는 그런 걸 잘 모르거든요. 가끔은 '내가 우리 가족들한테 뭔가' 라는 생각도 들고 서운하기도 하죠."

이씨의 집안 상태는 엉망이다. 시간이 나면 일주일에 한 번씩 주말에만 가끔 청소와 빨래를 한단다. 맘 먹으면 자주 할 수도 있지만 손이 잘 가지 않고, 도우미를 부르자니 그 돈이 아까워 그러지도 못한다. 아내도 이런 상황을 한 번씩 보고 가면 걱정을 많이 하지만 우선 아이들 교육이 일순위이므로 조금만 더 참고 집안일을 익히라고 당부를 거듭했단다.

"언제까지 이렇게 살 수 있을지 모르겠어요. 로또에 당첨되거나 아니면 애 엄마가 생각을 바꾸거나…… 저도 기러기 생활 끝내야죠. 계속 이렇게는 못 삽니다."


||| '늘 사람들에게 딸 자랑, 휴가만 기다려'……나는야 독수리 아빠

정부 교육기관에서 교육 정책을 기획하고 집행하는 일을 맡고 있는 본

부장 박상인 씨[52 · 가명]는 요즘 사람들을 만나면 핸드폰을 꺼내 딸 사진을 보여 주기 바쁘다. 열일곱 살인 딸이 졸업 모자를 쓰고 곱게 화장을 한 채 찍은 졸업 사진이다.

"예쁘죠? 미국에서 지금 공부 중인데 보고 싶어 죽겠어요."

딸 박은혜 양[가명]은 미국 뉴욕시 버팔로에 있는 시티 아너스 스쿨[City Honors School]에 다니고 있다. 학교는 미국 내 고등학교 순위권에 드는 명문 사립학교다. 박씨는 주변 사람들의 추천과 자신이 과거 미국에서 공부했을 당시 경험을 바탕으로 그 학교를 딸에게 추천했다고 한다.

"우선 아이가 우리나라의 입시 교육에 너무 시달리지 않고 세계의 문화와 지식을 자유롭게 받아들이길 바랐어요. 그냥 영어만 배우게 하는 거였다면 보내지 않았을 거예요. 중요한 건 영어가 아니에요."

박씨는 가족들이 보고 싶거나, 생일 등 특별한 날에는 회사에 휴가를 내고 딸이 있는 미국까지 다녀온다.

"지난번엔 애가 속상한 일이 있었는지 전화해서 울먹거리더라고요. 슬럼프가 왔대요. 인간관계와 공부 모든 면에서요. 이럴 때 아빠가 없다는 것은 아이에게 너무 슬픈 일이라는 생각이 들어 바로 회사에 휴가를 내고 아이와 3일간 여행을 다녀왔습니다."

그는 독수리 아빠라는 말을 들어봤을까. 비행기표도 구하지 못해 자녀들에게 가지 못하는 펭귄 아빠 이상순 씨에 비하면 박씨는 날개를 펴고 언제든지 딸에게 날아갈 수 있는 독수리 아빠다. 하지만 그는 주변 지인들에 비해 많이 지원해 주지 못하는 것 같아 미안할 때가 있다고 한다.

집안일을 도와주는 도우미 아줌마가 있어 크게 빨래나 청소, 식사 등

생활에 어려움은 없지만 가족들이 보고 싶은 것은 마찬가지였다. 기러기 아빠 생활 2년차가 되자 박씨는 대학은 되도록 한국에서 다니는 것도 괜찮으니 재고해 보라고 조언하고 싶단다.

"제 개인적인 마음으로는 이번 고등학교 과정이 끝나면 바로 돌아왔으면 좋겠어요. 그냥 애를 제 옆에 두고, 보고 싶은 거죠. 저라고 외롭지 않겠어요?"

그래서 지금 가족들과 상의 중이라고 했다. 금전적 문제 때문에 고민하는 것은 아니었다.

박씨는 17세인 딸아이를 미국에 보내 놓고 지난 2년간 8차례 정도 현지에 다녀왔다.

"지난번엔 미국 뉴욕에 아이와 함께 갔었어요. 출장 때랑은 또 다른 느낌으로 며칠간 쇼핑도 하고 맛있는 것도 먹고 공원에서 산책도 했더니 애도 참 좋아하더군요. 물론 올 때는 저도 아이도 무척 힘들었어요. 곧 다시 온다는 약속을 하고서야 헤어졌습니다."

||| 기러기 아빠의 부인 '우리도 힘들어요'

서울 봉천동에 살다가 남편을 두고 두 아들과 함께 캐나다로 간 강현희 씨[42].

마음이 아프긴 했지만 아이들의 교육을 위해서는 부부 모두가 희생해야 하고, 요즘 세상 이 정도쯤은 당연하다고 생각했다. 특히나 영어에 소질이 많았던 아이들에게 좋은 교육 기회를 주고 싶었다. 남편과 완전히 두절돼 사는 것도 아니기 때문이다.

---

42 · 가명

“요즘이 얼마나 발달된 세상이에요. 하려고 하면 언제나 소식도 들을 수 있고 실시간으로 대화나 영상 통화 모두 가능해요.”

남편은 매일 퇴근 후면 두 집을 서로 화상 연결해 상황을 볼 수 있게 해 놓는다. 카메라 앞에 서서 이야기하면 실시간으로 전달되고 바로 사진, 동영상, 메시지 모두를 공유할 수 있다. 남편은 아이들에게 ‘오늘은 뭘 했나, 무슨 상을 받았나, 무얼 하고 놀았냐’ 며 꼬치꼬치 캐묻는다.

“그렇게 IT 기기에 익숙한 특성을 이용해 일거수일투족을 감시하는 남편들을 우리끼리는 농담 삼아 CC-TV 아빠라고 불러요. 제 아는 사람의 경우엔 밤마다 전화해서 아내한테 외로워서 못살겠다며 징징대는 남자들도 그렇게 많다네요. 일명 징징 아빠죠.”

강씨는 해외로 아이들 교육을 위해 떠난 주부들을 두고 ‘남편을 ATM 기계로 부려 먹는다’ 는 비난에 대해 억울하다는 입장이었다.

“저희도 이곳에 적응하기 힘들고 사실 외로움 타는 것도 맞아요. 그런데 마냥 팔자 좋다고만 생각하는 사람들의 의견은 동의할 수 없어요. 매일 아이들 학교로, 학원으로 실어 나르고, 집안일 하고, 또 다른 문화를 가진 외국 어머니들 틈에 끼여 교육 정보를 나눠야 하니까요.”

강씨의 친구인 오순영 씨[47 · 가명]는 우울증까지 걸렸단다.

“친구 한 명이 외국 어머니들 사이에서 영어 못한다고 왕따를 당했나 봐요. 아이들 공부는 시켜야 하니 어떻게라도 정보를 얻고 싶어서 무시해도 어울려 다녔는데 강도가 너무 심해지다 보니 이제는 나가지 않는다고 들었어요. 집에만 있으면서 우울증 약도 먹고요. 아이들 공부는 끝났다고 봐야죠.”

# 기러기 가족 '매년 2만 2000가구'
## ……알코올 의존 문제 심각

통계청의 '2010년 인구주택총조사' 자료에 따르면 2010년 기준 국내외 다른 지역에 가족이 있는 가구는 245만 1000가구로 전체 가구1733만 9000가구의 14.1% 에 달한다.

이중 결혼을 했지만 배우자와 떨어져 사는 이른바 '기러기 가구'는 115만 가구에 달한다. 이는 전체 결혼 가구의 10%에 이르는 것으로, 10년 전인 2000년 5.9%에 비해 2배 가까이 증가한 것이다.

115만 가구 중 절반은 혼자 생활하는 기러기 아빠로 추정된다. 즉 50만이 넘는 수다. 30대 중반에서 50대에 이르기까지 명절도, 연휴도, 가정의 달도 나홀로 지내는 기러기 아빠들. 그들은 지금 병들고 있다.

이화여대 간호학과 차은정 씨가 제출한 〈기러기 아빠의 건강 관련 삶의 질 예측 모형 구축〉이라는 박사학위 논문홀로 생활하는 35~59세 기혼 남성 151명을 대상으로 설문조사에 따르면 조사 대상자의 76.8%가 영양 불균형 상태로 나타났다. 또 영양 상태가 '매우 양호'한 것으로 조사된 사람은 단 한 명도 없었다.

조사 대상자 중에는 월수입 600만 원 이상 고소득자가 절반이 넘었지만 수입에 관계없이 홀로 사는 남성이 스스로 영양 상태를 챙기는 것은 쉽지 않은 일이다. 또 우울감을 느끼는 경우도 3명 중 1명꼴29.8%로 나타났다.

특히 감정 표현에 서툰 40~50대 가장들은 외로움을 해소할 길이 없어 술로 달래는 경우가 많았다. 기러기 아빠 80명을 대상으로 한 조사에 따르면 30%24명는 일주일에 2~3회 상습적으로 음주를 했다. 또 52%42명는 한 달에 한 번 이상, 술을 마시면 멈추지 못하는 경험을 한 것으로 나타났으며 45%36명는 월 1회 이상 '필름이 끊기는' 현상을 경험했고, 41%33명는 월 1회 이상 소주 1병, 맥주 4병 이상의 과다 음주를 하는 것으로 조사됐다. 이렇게 가족과 떨어졌다는 외로움, 많은 시간을 홀로 보내야 하는 허전함 등으로 한두 잔 마시게 되면, 습관성 음주로 발전하기 쉽다. 더욱이 주변에 제어할 가족이 없는 경우, 알코올 의존증으로 진행될 위험이 커 주의가 필요하다.

# 기러기 아빠의
# 정신 건강

-조성훈(경희대 한방병원 신경정신과 과장)

전문가
말말말

## 기러기 가족 = 한국 사회 역사에 없던 가족 구조

아이를 아내와 함께 유학 보내고 혼자 지내는 40~50대 기러기 아빠들은 지금까지 우리 한국 사회에 없었던 가족 구조로 인해 혼란을 겪게 된다. 기러기 아빠라는 가족 형태는 본인이 어렸을 때에 그리고, 그전 세대 등이 경험하지 못했던 가족 구조이기 때문이다. 지금의 40~50대의 아빠는 그동안 가부장적인 아버지를 따르며 한 지붕 아래에서 어머니와 가족의 모습을 느끼며 자랐다.

## 지리적 분리가 가져온 아버지의 역할 혼동

그런데 현대 기러기 가족의 지리적 분리감은 아버지의 역할에 혼동을 가져온다. 단결된 소속감에서 가족을 위해 일하는 아버지의 역할보다는 한 달에 한번 은행에 가서 달러를 송금하는 경제적 역할뿐인 소외감이 기러기 아빠를 지배하게 되는 것이다. 그래서 우울감과 소외감으로 인해 정신 건강을 해치게 되기 쉽다.

첫째로 습관성 음주 중독에 빠지기 쉽다. 기존의 아버지들은 고된 하루를 마치고 집으로 돌아왔을 때, 가족을 보고 '내가 이렇게 힘은 들지만 가족이 있어 산다'며 하루의 피로를 풀고 잠들었다. 그러나 기러기 아빠는 '내가 왜 이리 힘들게 일할까'라는 일종의 우울감을 느끼게 된다. 그래서 수면 전 알코올을 복용하는 습관적 음주 중독에 빠지게 된다.

둘째로 대화가 줄게 되어 우울증이 나타난다. 아무리 인터넷 통신이 발달하고 해외 통화가 쉽다고 해도 시차 문제, 아이들의 학습 문제 등 멀리 있는 가족과 대화하기란 쉽지 않다. 처음에는 시간을 정해 놓고 열심히 통화한다지만, 한두 해가 지나면 뜸해지기 마련이다.

이렇게 가족 간의 대화가 줄어들게 되면 남자들의 경우 직장에서의 공적인 대화만 남게 된다. 40~50대 대부분의 가장은 그나마 가족 간 대화로 정서 이완을 하게 되는데, 이마저도 없게 되면 여자보다 더 쉽게 우울증에 빠지게 되는 것이다.

### 기러기 아빠들의 정신적 문제…… 그 해결책은?

이에 대한 예방으로는 지역 사회 활동에 참여하는 것이 도움이 된다. 그것은 동네의 축구 동호회가 될 수도 있고, 종교 단체 활동이 될 수도 있는데, 이처럼 지역을 기반으로 하는 활동은 흔들린 아버지들의 역할을 대신 느낄 수 있도록 한다. 가족은 아니지만 지역 사회라는 것이 소외감으로부터 벗어날 수 있는 창구 역할을 해주는 것이다.

# '기러기 아빠'……
# 가족 해체 위험에 노출

— 엄명용(성균관대 대학원 사회복지학과 교수)

## 해외 주재원이나 교수 안식년에서 시작된 기러기 아빠 문화

초기에는 해외 주재원이나 안식년 중이던 교수가 자녀를 미국이나 캐나다의 학교에 취학시켰다가 재학 중인 자녀와 어머니를 남겨 두고 홀로 귀국하면서 기러기 아빠가 생기기 시작했다. 그러다가 세계화의 영향으로 국외는 물론 국내에서 영어의 필요성 대두, 국내 공교육의 붕괴로 인한 사교육비 부담, 학교 내 폭력 등으로 인한 부적응 학생 발생 등으로 국내에 머물던 가족이 자녀와 어머니를 해외에 보내는 현상으로까지 확대되기에 이르렀다.

이러한 현상에 편승해 국내에서 가족 갈등<sup>부부간, 시부모와 며느리간 등</sup>의 회피 수단으로 자녀 교육을 핑계로 부부가 공인된(?) 별거를 하는 경우도 등장했다.

## 가정 파괴, 가족 해체로 이어질 가능성 커

이 경우 언제든 가정 파괴나 가족 해체로 이어질 수 있는 가능성이 항상 도사리고 있다고 할 수 있다. 기러기 가족생활이 오래

되면 될수록 가족 간 대화나 소통이 감소되고, 이에 따라 가족 관계가 소원
해지거나 가족 간의 거리감이 심화되어 부부간 친밀감도 감소될 수 있다.

외국 거주 가족과 남겨진 기러기 아빠의 삶의 세계가 분리되면서 상호 이
해의 폭이 감소되고 부부간, 또 자녀 아빠 사이의 상호 친밀감이나 신뢰감
이 약화될 수 있다. 이 과정에서 혼자 남아 생활하던 기러기 아빠의 권위가
상대적으로 약화된다. 외국 현지의 문화나 사회 생활에 대한 이해와 공감이
다른 가족 구성원들에 비해 떨어지기 때문이다.

점차 기러기 아빠는 경제 · 사회 · 문화 · 건강 등 생활의 많은 면을 희생
했음에도 가족으로부터 소외되고, 돈만 보내는 기계적인 존재가 되어 버릴
가능성이 크다.

예전에는 부모가 자녀를 위해 희생하고 나면, 그에 힘입어 경제적으로 독
립한 자녀가 부모에 대한 부양을 책임지는 효의 의미가 살아 있었지만, 현
대의 젊은 자녀들은 받는 것에만 익숙해 그것을 부모에게 되돌려 드려야 한
다는 책임감이 점차 희미해져 가고 있다. 이 또한 가족 해체의 가능성을 높
이는 요인 중 하나로 볼 수 있다.

또한 별거 중인 부부 각자의 외로움과 이성에 대한 생리적 욕구로 인해
불륜의 함정에 빠져듦으로써 가족 해체가 일어날 소지도 많다.

### 경쟁적 교육, 자녀 중심의 가치관 등 복합적 이유……해결 방안은?

최근에도 지속적으로 기러기 가족이 발생되고 있는 이유는 더 치열해진
자녀 교육 열망 문제이다. 기러기 아빠 현상과 관련된 교육 문제는 교육 현
장의 전반적 문제를 포괄한다.

교육의 가장 중요한 목적은 지식의 습득과 함께 건전한 사회 구성원으로 성장할 수 있는 인성의 배양에 있다. 하지만 두 가지 모두에서 우리나라의 교육은 큰 문제를 안고 있다.

지식의 습득은 공교육보다는 사교육 중심으로 이뤄지고 있고, 학교 주변 <sup>안과 밖</sup>에는 따돌림, 상호 비교를 통한 우열의 형성<sup>부모의 배경, 자신의 힘</sup>, 약자들에 대한 괴롭힘과 무시 등 학교 폭력이 자리 잡고 있다.

이 가운데는 좋은 고등학교나 대학에 진학하는 것만이 이 사회에서 살아남을 수 있는 유일한 길이라는 성공지상주의까지 작용해 학생 상호 간, 학부모 간 치열한 경쟁 심리 또한 자리하고 있다.

이렇게 숨 막히는 무한 경쟁에서 자녀가 조금이라도 낙오되기 시작하면 가족 모두의 희망이 끊어질 수 있다는 절박감이 가족들을 위협한다. 이에 대한 탈출구가 조기 유학이고 이를 위해 아빠들은 희생을 감수하는 것이다.

**부부 중심의 정서적 가족주의로의 전환 필요**

따라서 기러기 가족이라는 사회 문제를 해결하기 위해서는 우리나라의 교육 체계가 공교육 중심으로 바뀌어야 하고, 사회 진출이나 인재 활용 과정에서 출신 학교를 중시하는 사회적 풍조가 바뀌어야 할 것이다.

아울러 자녀에게 모든 것을 퍼붓고 난 후 부부가 남남이 되어 초라한 노후를 맞이하는 일을 막기 위해서는 '자녀 중심의 도구적 가족주의 가치관'이 '부부 중심의 정서적 가족주의 가치관'으로 바뀌어야 한다.

# 사람 잡는 영어

## : 영어 놀이 학교부터 사립 초등학교까지

20조 원을 훌쩍 넘긴 사교육비 중 영어 교육에 쓰이는 비용만 무려 15조 원에 달한다. 글로벌 시대인 만큼 영어는 이제 선택이 아닌 필수가 되어 버렸다. 그래서인지 요즘 엄마들 사이에서는 '알파맘' '엄마표 영어' '맘잉글리쉬'라는 말이 자주 거론된다. 아이들은 태어나면서부터 엄마들이 채운 영어 교육의 족쇄에서 벗어나지 못한다.

### 영어 놀이 학교 '태어나면서부터 시작되는 영어 교육'

||| 말문이 트이기 전에 영어는 시작돼야 한다

엄마들은 아이들의 나이가 한 살이라도 어릴 때 습득해야 언어 발달에 좋다는 말을 듣고 모국어인 한국어를 미처 깨치기도 전에 영어부터 가르친다.

놀이를 통해 영어를 자연스레 가르친다는 영어 놀이 학교에 아이들을 보내거나 체계적인 커리큘럼이 갖춰져 있다는 학습 상품을 구입하기도 한다. 나이대에 맞게, 발달 능력에 맞게 영어 교육이 동반돼야 하지만 성장, 발육보다 영어에 먼저 초점이 맞춰져 있어 문제다.

서울 강남구에 사는 김민영 씨[36·가명]는 한 영유아 영어 트레이닝 프로그램 상품을 서너 달 전에 구입했다.

"아이들이 만 2세 전후로 소꿉놀이, 기차놀이와 같은 놀이를 통해 주변 사물을 하나둘씩 입 밖으로 내뱉기 시작하면서 말을 배우잖아요. 그래서인지 18개월에서 36개월 사이에 언어 능력이 엄청 발달한다고 해요. 그 얘기를 듣고 영유아 놀이 프로그램을 시작했어요."

김씨는 처음 반신반의했지만 말도 제대로 못하는 아기가 영어로 옹알이를 하는 것을 보고는 잘했다는 생각이 들어 주위 친구들에게도 권하고 있다. 본인은 물론 주위 엄마들도 교재나 교구를 처음 접하자 입을 못 다물었다. 아이들이 관심을 가질 수밖에 없을 정도로 잘 만들었기 때문이다.

"제가 직접 책을 읽어 주기도 하고 스마트폰을 통해 동영상을 보거나 유아용 영사기를 통해 취침 전 영화로도 볼 수 있어 아이가 지루해할 틈이 없어요. 한 스토리를 다양한 방식으로 반복하다 보면 자연스레 머릿속에 남게 되겠죠. 터치하면 영어 발음이 나오고 스티커를 붙이는 등 오감을 자극해 주는 방식이다 보니 아이도 너무 재밌어 하고 놀면서 공부시킬 수 있으니 일석이조랍니다. 물론 단점도 있죠. 일회성으로 끝나는 교구도 있고 가끔 말이 안 맞는 이상한 책도 있어요."

김씨는 한 시리즈에 몇십만 원씩 되는 가격이 부담이라 했다. 그런데도 인터넷 블로그나 커뮤니티에 올라오는 후기 글을 보면 구입하길 잘했다는 생각이 든다고 한다. 김씨는 패키지를 끝내고 나면 다음 패키지도 구입할 예정이다. 무려 100만 원에 가까운 비용이지만 큰맘 먹고 지를 생각이란다.

"큰 효과를 기대하진 않아요. 말 그대로 생활 속에서 놀면서 아이에게 친근하게 영어를 접하게 해주는 걸로 만족해요. 요즘은 가끔 너무 어린 나이에 영어를 접하게 되면 안 좋다는 얘기가 들려 부작용이 생기지 않을까 걱정돼요. 그렇다고 괜한 걱정 때문에 나중에 후회하고 싶진 않아요. 시도도 안 하고 후회하느니 해보고 후회하는 게 낫죠."

마지막으로 주위 엄마들이 너무 극성이라 자신만 가만히 있기가 어렵다고 했다. 아울러 어떤 프로그램을 시키는지도 중요하지만 엄마가 무언가를 함께 해주는 것이 가장 중요하다고 강조했다.

"영어 때문에 저를 비롯해 많은 엄마들의 고민과 걱정이 이만저만이 아니에요. 무엇보다 '내 아이만 뒤떨어지면 어쩌나' 하는 마음 때문에 혈안인 것 같아요. 저도 아이와 함께 기초부터 공부하고 있어요. 이제 시작인데 마음 단단히 먹고 준비해야죠."


||| 영어 동화책, 영어 동요…… '한국 아이인지 미국 아이인지'

요즘 한국 아이들은 우리나라 전래동화 대신 미국 아이들이 배우는 명작 동화를 먼저 읽는다. 물론, 영어로 말이다. 초급·중급·고급 단계별로 읽어야 하는 책만 무려 수백 권이다. 몇십만 원부터 몇백만 원까지 가격대도 다양하다.

서울 양천구 목동에 사는 이소현 씨[31·가명]는 얼마 전 돌 지난 아이를 데리고 아이 아빠와 함께 영유아 박람회에 다녀왔다. 단순히 둘러보자는 생각으로 구경하던 중 한 판매자가 묻는 질문에 답을 못해 충격을 받았다. 곧바로 100만 원이 넘는 영어 동화책 세트를 구입했다.

"딸꾹질이 뭔지 아냐고 묻는 질문에 말문이 막혔어요. 나름 유학도 갔다오고 했는데 그것도 모르다니…… 부끄러워서 당장 세트를 구입했어요. 우리 아이는 이런 쉬운 것조차 놓치게 하고 싶지 않아서요."

충동 구매이긴 했지만 제품에 대한 만족도는 높았다.

"글도 그렇게 많지 않으면서 그림이 너무 귀엽고 아기자기해요. 일단 아이를 안고 책을 펼치면 시선을 끄는 데 성공할 수밖에 없을 만큼 화려하죠. 저 어릴 때는 이런 게 없었는데 세상이 정말 좋아졌다고 새삼 느끼고 있답니다. 어느 정도 영어를 할 줄 아니까 아이에게 읽어 주는데 부담은 없어요. 저도 읽으면서 재미있고 아이와 함께 몰입할 수 있어서 좋아요."

이후 그는 영어 교육을 위해 심혈을 기울이고 있다. 집에서도 틈틈이, 아이를 자동차에 태우고 이동할 때마다 항상 영어 동요를 틀어놓는다.

"당연히 아직 알아들을 리가 없죠. 그래도 괜히 잠재의식 속에 영어 발음이나 소리에 대한 느낌이 남을 것만 같고 제대로 말을 배울 때쯤엔 그게 발현될 것 같아요. 요즘 너도나도 조기 교육, 조기 교육 하잖아요. 다른 건 몰라도 영어는 어릴 때부터 해야 나중에 더 수월할 듯해요."

이렇다 보니 아이는 모국어인 한글보다는 영어에 더 많이 노출돼 있다. 집 안 구석구석 붙어 있는 단어 그림 위에는 영어로 뜻이 적혀 있다. 이씨는 아이가 클 때까지 어떤 방식으로 교육시킬 것인지에 대해 이미 계획을 짜놓았다고 말했다. 4세가 되면 영어 놀이 학교, 5세에는 영어 학원, 6세부터 2년간은 영어 유치원에 보낼 계획이다. 이미 어느 학원과 유치원에 보낼지까지 정해 놓았다.

"영어 유치원에 들어가 잘 적응하려면 선행 학습이 중요하다고 들었어요. 그래서 5세 때 미리 학원에 보내려고요. 학원비가 한 달에 150만 원이 넘는다는 얘기에 고민을 하긴 했지만 엄마들 반응이 굉장해서 일단 보낸 뒤에 결정하려고요. 대체 방안으로 화상 영어 수업도 생각하고 있어요. 잘만 적응하면 효과가 굉장히 좋다고 해요."

## 영어 유치원으로 향하는 아이들

||| 9세는 영어 유치원으로 향한다

빠르면 5세부터 취학 전 7세까지의 아이를 둔 엄마들은 영어 유치원에 보내기 위해 매우 분주하다. 커리큘럼이 알찬지, 교사는 원어민인지 아닌지, 우리 아이가 잘 적응할 수 있는 실력인지 아닌지 따져봐야 할 것도 많다.

최근 한 TV 예능 프로그램에서 연예인의 어린 자녀가 영어로 술술 말하는 장면이 방송되면서 그 아이가 다니는 영어 유치원이 화제가 됐다. 그 영향으로 요즘 엄마들의 인터넷 커뮤니티에서는 영어 유치원이 단연 화두다.

속내를 들여다보면 '헉' 소리가 절로 나온다. 80만 원 안팎의 기본 원비에 식비, 교재비, 체험활동비 등의 추가 비용이 붙으면 100만 원이 훌쩍 넘는다. 그런데도 영어 유치원에 보내기 위해 혈안이다.

서울 강북구에 사는 이미연 씨[31·가명]는 두 살 터울의 4, 6세 두 딸 아이를 키우고 있다.

영어 교육에 심혈을 기울이고 있다는 그는 올해 6세 된 첫째 딸을 영어 유치원에 입학시켰다.

"일 년 전 대학 친구 가족들과 모여 저녁 먹는 자리에서 여섯 살짜리 친구 아들이 자연스럽게 프리토킹free talking 하는 모습을 보고 깜짝 놀랐어요. 영어 유치원 6개월 만에 그 정도 수준이 됐다고 하더라고요. 집으로 와서 바로 영어 유치원을 알아보기 시작했어요."

이씨는 남들보다 뒤처졌다는 마음에 걱정이 앞섰다.

"사실 제대로 준비를 못한 것 같아서 올해는 일반 유치원에 보내고 7세가 되면 영어 유치원에 보낼 생각이었어요. 그런데 주변 엄마들이 아이가 적응을 못해 더 힘들어한다는 말에 오히려 일 년 앞당겼어요. 한 3개월 정도 지났는데 아이 반응도 괜찮은 것 같아요. 좀 더 지나면 성과가 보이겠죠."

그는 영어 유치원의 필요성과 성취도에 대해 지나치게 의존하는 듯해 보였다.

"영어 유치원 3년차가 웬만한 초등학교 학생보다 수준이 높다는 얘기를 들으니 영어 유치원에 꼭 보내야 한다고 생각했어요. 언어라는 게 참 쉽지 않고…… 특히 우리나라 교육엔 한계가 있는 게 사실이잖아요. 저도 주위 엄마들에게 추천하고 다녀요."

반면 영어 유치원의 지나친 교육열에 거부감을 느끼고 포기한 경우도 있었다. 서울 목동에서 6세 외동아들을 키우는 지현정 씨[34 · 가명]는 올해 아들을 영어 유치원에 입학시키려다 포기했다.

"제가 사는 지역의 6세 중 50% 이상은 영어 유치원이나 영어 학원에 다닌다고 해도 과언이 아니에요. 저도 주위 엄마들 등쌀에 영어 유치원에 보낼 생각이었어요. 몇몇 유명하다는 유치원에 가 봤지만 도저히 못할 짓 같더라고요."

그는 유치원마다 아이들의 영어 실력을 가늠하라며 보여 준 아이들의 글쓰기 실력에 혀를 내둘렀다고 했다. 어지간한 미국 유치원에서도 상상못할 정도의 수준이었기 때문이다.

"한창 뛰어놀아야 할 나이에 이건 아니다 싶었어요. 보통 여섯 살이면 한글로도 그렇게 줄줄 문장을 쓰지 못하잖아요. 영어로 그걸 쓰기까지 얼마나 스트레스를 많이 받았을지 괜히 마음 한구석이 짠하더라고요. 아이가 바라는 것도 아니고 단순히 제 욕심인데 그것만 내려놓으면 된다고 생각했죠."


||| '우리 아이가 영어를 기피해요'……부작용 속출

너무 이른 교육이 문제여서인지 부작용의 사례 또한 속출한다. 비싼 돈을 투자했지만 아이가 적응을 못할 경우 부모들은 발만 동동 구른다.

주부 김지은 씨[43 · 가명]는 요즘 시름이 가득하다. 4세 때부터 첫째 아들의 영어 교육에 공을 들였지만 초등학교에 들어간 후 영어는 쳐다보지도 않는다고 한다. 영어 유치원도 3년이나 보냈었다.

"유치원 다닐 때만 해도 아이가 불평은 하면서도 시키면 억지로 했어요. 초등학교 들어가니 완전 반항하고 학원에 보내도 과외를 붙여도 일체 거부하더라고요. 숙제를 안 하는 건 기본이고 수업 태도도 전반적으로 좋지 않아서 담임선생님으로부터 전화를 여러 번 받았어요. 처음엔

꾸짖기도 하고 매도 들어 봤지만 나중에 울면서 영어 공부하기 싫다고 털어놓기에 과외도 학원도 모두 그만두게 했어요. 그래도 영어를 아예 놓을 수는 없어 놀이식으로 편안하게 즐기는 수업을 듣게 했어요. 지금은 조금 거부감에서 벗어난 것 같아요."

김씨는 늦은 결혼으로 인한 자신의 불안감 때문에 아이를 옭아매어 이런 부작용을 낳았다고 후회했다.

"겁이 나서 다섯 살인 둘째 딸의 영어 교육에는 힘을 뺐어요. 집에서 영어 교육용 DVD나 비디오를 틀어 주는 정도예요. 밝게 웃으며 영어책을 읽는 딸을 보면서 아들도 저렇게 키울 걸 그랬다 싶어 후회돼요. 이제 남들과 비교하며 걱정하지 않으려고요."

이정현 씨[33·가명]도 비슷한 고민을 털어놨다. 일반 유치원을 1년 정도 다닌 이후 영어 유치원에 입학한 7세 아들이 적응을 못해 힘들어하기 때문이다.

"유치원에 안 가겠다고 계속 투정을 부리기에 저러다 말겠지 하며 대수롭지 않게 넘겼어요. 그런데 애가 시름시름 앓더니 입원할 정도까지 됐어요. 예삿일이 아니구나 싶었죠. 어느 정도 몸이 회복된 후 타이르면서 물어보니까 그제야 털어놓더라고요. '유치원에서 한국말을 안 하니 너무 답답하고 놀잇감도 없고, 친구들 사귀기도 너무 어려워 매일 혼자 논다'라고 말하는데 엄청 미안했어요."

이씨는 수도권 지역에 살다가 아이 교육을 위해 서울 강남으로 이사 왔다. 동네 또래 애들이 모두 영어 유치원에 다닌다는 얘기만 듣고 서둘러 보낸 결과 이렇게 됐다고 스스로를 자책했다.

## 영어 유치원 평균 교습비, 얼마일까?

2012년 상반기에 조사된 전국 영어 유치원의 평균 교습비 현황에 따르면 서울 강동 지역이 128만 원으로 가장 높았다. 학원수도 21개로 가장 많았다. 성동[6개]과 강남[20개]이 120만 원, 118만 원으로 2, 3위를 차지했으며 동부[3개] 113만 원, 동작[10개] 104만 원으로 모두 100만 원 이상이었다.

이외에 북부[3개] 90만 원, 중부[12개] 84만 원, 성북[5개] 78만 원, 강서[2개] 77만 원, 서부[8개] 76만 원, 남부[6개] 60만 원 순이다.

서울보다 밀집도가 낮은 경기 지역은 군포·의왕[1개]이 88만 원으로 가장 높았고, 성남[6개] 82만 원, 광명[8개] 78만 원, 고양[1개] 77만 원, 의정부[1개] 75만 원, 용인[5개] 73만 원으로 뒤를 이었다. 16개로 가장 많은 학원이 있는 수원은 평균 69만 원으로 조사됐다.

전국 곳곳에도 영어 유치원이 분포해 있었다. 교습비 가격은 수도권에 비해 다소 낮다.

인천[15개]과 부산[16개]은 평균 60만 원대이다. 경남[8개]은 50만 원대부터 82만 원까지 폭이 넓었다. 그 외에 충북[5개] 68만 원, 충남[4개]과 대구[7개] 64만 원, 전북[1개]과 제주[1개] 55만 원, 대전[13개] 53만 원, 경북[2개] 49만 원, 광주[2개] 43만 원 순이다.

그런데도 이씨는 지금도 밤잠을 못 이루고 고민 중이다. 아이를 생각하면 당장 일반 유치원으로 갈아타고 싶지만 주위 엄마들은 아이들이 겪는 초기 단계 중 하나라며 곧 적응할 것이라고 만류한다.

"일반 유치원에선 너무 행복해했는데 지금은 힘들다고만 말하는 아이를 보면서 이건 아니다 싶다가도 자꾸 주위 얘기에 휘둘려요. 친구들은 적응할 수 있도록 영어 과외 같은 걸 함께 병행하면 나아질 거라고 조언

하더라고요. 남들은 들어가고 싶어도 못 들어가는데 일단 좀 지켜볼까 싶기도 하고……."

영어 학원 강사인 이민정 씨[31·가명]는 조기 영어 교육의 부작용에 대해 우려를 나타냈다. 어린 학생들을 가르치면서 꽤 많은 피해 사례들을 접했기 때문이다.

"여섯 살 아이들을 앉혀 놓고 문자 학습시키는 것은 기본적으로 매우 비교육적이에요. 간혹 인지 발달이 또래보다 뛰어난 아이들 외에는 득보다 해가 많다고 생각해요. 아이들을 보면서 영어만 한다고 되는 게 아니라 유아 교육 전문가가 가르치지 않으면 안 되겠구나 하는 자괴감이 들 때가 많아요. 섣불리 영어 가르친다고 하다가 어린 싹들을 자라나기도 전에 꺾어 버리는 건 아닌지 걱정되기도 하고요."

그의 말에 따르면 '영어 유치원 효과 딱 3년 간다'는 말이 있다고 한다. 영어 유치원에서 그간 배운 영어를 가지고 남들보다 앞서갈 것이라고 생각한다면 오산이라는 뜻이다. 가장 중요한 것은 안정된 정서와 학업에 대한 호기심이다. 아울러 그동안 갈고닦은 이해력, 모국어 구사력, 독서량 등이 초등학교 4학년 이후 학습 능력을 판가름한다.

"5, 6학년이 되면 영어 유치원을 나온 애들 중에서 한없이 뒤처지는 애들이 나와요. 트라우마 수준으로 영어에 질려 버린 아이들이죠. 지나치게 산만하고 학습 능력과 의욕을 상실해 버린 학생 몇몇이 모두 영어 유치원 출신이었어요. 중고등학교 진학을 앞둔 중요한 시기라 구출해 내지 않으면 영어뿐만 아니라 학업 전체에도 영향을 끼칠 수 있어요."

마지막으로 그는 학부모들에게 아이 교육에 쏟는 관심을 아이에 대한 관심과 애정으로 바꾸라고 조언했다.

"아이가 스스로 공부하도록 동기 부여해 주는 것이 참된 교육의 방향이라고 생각해요. 부모는 동기 부여를 위해 아이의 기본 자질을 닦아 주려는 노력이 필요해요. 그러려면 충분한 대화를 통해 우리 아이를 제대로 파악하고 아이의 마음을 이해하려는 노력이 선행돼야 합니다.

## 사립 초등학교 '교육의 기본은 영어'

영어 유치원을 졸업한 후 초등학교에 진학할 때가 되면 엄마들의 고민은 또다시 시작된다. 우수한 교수진과 질 높은 교육 환경 때문에 입학 적령기 자녀를 둔 부모들은 사립 초등학교에 눈을 빼앗긴다. 사립학교 열풍이 불면서 전 수업이 영어로 진행된다는 이머전Immersion, 몰입식 교육 학교를 보내기 위해 학교 근처로 이사를 가는 엄마도 있다. 경쟁률이 매년 오르면서 사립 초등학교 입학에 실패한 엄마들은 아이가 뒤처질까 봐 또다시 영어 과외를 찾는다. 부모들의 걱정은 그칠 줄 모른다. 산 넘어 산이다.

김진영 씨[39·가명]는 첫째 딸을 영어 유치원에 2년간 보낸 후 심혈을 기울여 사립 초등학교에 입학시켰다. 3:1의 경쟁률을 뚫고 보내서인지 입학 발표 소식에 정말 들떴다고 한다.

"공립과 사립학교 중 어느 곳에 보내야 할지 고민을 많이 했어요. 일단 비용 자체가 장난이 아니니까 쉽게 결정하진 못했죠. 공립학교에 다니는 애들도 영어 과외를 따로 받는데 그 돈으로 차라리 제대로 된 사립학교를 보내는 게 맘 편할 것 같아 큰 결심했어요. 남편도 처음엔 반대했지만 제 뜻을 꺾을 수 없어서 결국 허락했어요."

혹시나 본인의 잘못된 결정이 아이에게 부담이 되지 않을까 싶어 신중에 신중을 기했다. 발 빠른 엄마들의 이야기를 듣기 위해 커뮤니티를 수시로 들락날락거렸으며 주위 친구들에게도 조언을 구했다. 원하는 사립 학교에 보내고 있는 엄마들에게 전화해서 꼬치꼬치 캐묻기도 했다.

"요즘 엄마들은 커뮤니티를 통해 일일이 따져 보고 비교해 보고 과하다 싶을 정도로 아이들 교육에 열정적이에요. 사립 초등학교별로도 특징이 있어서 원하는 바에 초점을 맞춰 보내야 해요. 어떤 학교는 예체능 비중이 많다, 인성 교육에 힘쓴다 등 이런 식으로…… 쉽게 결정했다간 낭패 보기 십상이라 꼼꼼히 따져 봐야죠. 요 근래에 엄마들 사이에서 사립 초등 출신 애들이 중학교 가서 경쟁력이 약하다는 말이 돌아서 그런지 예전엔 공부를 크게 중시하지 않았던 학교들도 영어 시간을 늘리고 공부에 신경 쓰는 추세로 돌아서고 있어요."

그의 말에 따르면 요즘 대세는 역시 '영어'다.

"이 학교의 주당 영어 시간은 몇 시간이다, 어디가 더 많다 등 끊임없이 정보가 올라와요. 저도 신중하게 따져 보고 보냈으면서도 '저 학교에 보낼 걸 그랬나' 하고 스트레스 받기도 해요."

"영어 수업뿐만 아니라 수학, 과학 등 전 수업이 영어로 진행된다는 '이머전 학교'에 대한 관심도 많아졌어요. 이런 학교는 하교 시간도 늦고 몇 군데 없다 보니 선택하는 데 고민을 더 많이 해야 해요. 외국서 살다 온 애들이 가는 것 같긴 한데 무리해서 보내는 엄마들도 있어요."

그는 이머전 학교도 고민했지만 아이에게 과도한 스트레스를 줄까 염려돼 포기했다.

"수업 방식이 아주 매력적이에요. 한 반에 한국 선생님, 원어민 선생님 두 명의 담임이 있어 두 그룹으로 나뉘어 가르친다고 해요. 한국어 선생님이 한국 교과 과정, 원어민 선생님이 미국 교육 과정을 가르치는 거죠."

반면 부작용에 대한 글도 많이 올라온다고 한다. 제대로 준비 못하고 들어갔다가 말을 못 알아듣기라도 하면 전체적으로 학교생활이 무너지는 상황에 이르기 때문이다.

"1, 2학년 때 정말 고생 많이 해서 애도 엄마도 지쳐 전학 가는 경우도 많다고 들었어요. 어떤 학교를 선택하건 엄마의 결정으로 아이를 짓눌러선 안 된다고 생각해요. 아이들이 얼마나 적응할 수 있는지에 대해 가장 많이 따져 봐야 하죠. 돈을 퍼붓는 수준인데 아이가 도리어 스트레스 받는 건 아닌지 성향이 어떠한지 아이에 대한 이해가 우선돼야 한다는 걸 예비 사립초 학부모들에게 조언해 주고 싶어요."

||| '방학 때도 영어 교육은 멈추지 않는다, 영어 캠프 인기 절정'

엄마들은 한국에서 영어를 배우는 데 한계가 있다는 생각에 방학 기간 동안 영어 캠프를 보내고자 많은 프로그램을 알아본다. 학부모들이 방학 이용한 해외 영어 캠프를 많이 선택하면서 영어 캠프는 이제 방학을 상징하는 프로그램이 됐다. 최고 1000만 원짜리 유럽 여행 캠프 프로그램은 참가 신청 시작과 함께 마감된다고 하니 우리나라 엄마들이 얼마나 극성인지 알 법도 하다.

과거에는 한국 학생들끼리 해외에서 영어 수업을 진행하는 방식이 대부분이었다면, 요즘은 현지 학생들과 함께 참여할 수 있는 현지 캠프나 정규 수업 참여 캠프, 국제 학생들과 함께하는 집중 영어 캠프 등으로 다양해졌다. 국가 역시 북미 지역 편중에서 벗어나 오세아니아, 유럽, 아시아, 심지어는 아프리카 캠프까지 등장했다.

한 언론사에서 진행하는 호주 캠프 참가 비용은 무려 1000만 원대다. 호주 정부 지원으로 진행된다는 말에 엄마들의 열기는 뜨겁다. 참가 신청이 시작되자마자 마감될 정도다.

부모들은 아이들을 3, 4주에서 최대 12주까지 해외로 떠나보내는 프로그램이기 때문에 걱정을 많이 하면서도 영어 교육과 넓은 세계에 대한 견문을 넓힐 수 있다는 기대를 안고 캠프를 보내기로 결심한다. 항공권 예약, 오리엔테이션 실시, 비자 신청 등의 일정을 고려해 미리 서둘러야 한다.

4, 6학년 초등학생 두 자녀를 두고 있는 채미소 씨[42 · 가명]는 아이들의 입학과 동시에 영어 캠프를 알아보느라 정신이 없다. 두 아이 모두 고학년이 되자 예전부터 계획 중이었던 영어 캠프를 보내기 위해서다.

"마음은 오래전부터 보내고 싶었는데 자립심이 부족한 아이들을 4~8주 동안이나 장기간 해외로 보낸다는 게 좀 걸렸어요. '둘이 같이 보내는 게 낫겠다' 싶어 기다리던 중 올해가 딱이라고 생각했죠. 막상 보내려고 하니 따져 볼 게 너무 많더라고요. 어느 나라를 보내야 하나부터 주최 기관은 어디인지, 교사들의 스펙이나 프로그램 구성은 어떻게 되어 있는지 철저히 조사 · 확인하고 있어요."

채씨는 캠프 프로그램과 강사의 수준보다 더 중요한 것은 현지 안전 관리 시스템을 살펴보는 것이라고 했다. 아무리 꼼꼼히 확인해도 경험해 보지 않는 한 증명해 낼 방법은 없다. 수요가 늘어나면서 여행사, 기업, 언론사, 지자체 등 수많은 업체들이 영어 캠프를 쏟아내고 있는 것도 문제다. 엄마들의 커뮤니티에는 이 캠프가 어떠한지부터 여러 질문이 쏟아진다. 자질을 갖추지 못한 업체에 자녀를 맡기게 될까 염려되기 때문이다.

"인솔자의 관리 방법, 수업 장소와 방과 후 활동 진행 방법, 캠프가 진행되는 숙소 상태, 비상 상황 발생 시 대응 방법, 건강 문제 발생 시 보상받을 수 있는 보험 가입 여부 등은 기본으로 살펴봐야 하고…… 이것저것 따져 봐야 할 사항이 너무 많아서 3일 밤낮으로 인터넷만 뒤졌어요. 새로 만들어진 캠프도 많아요. 나쁘단 얘기는 없고 다 좋은 말들뿐이어서 그냥 엄마들 사이에서 유명하다고 소문난 캠프 중 하나를 골라 결정하려고요."

채씨는 비싼 돈 들여 보낸 캠프에서 우리 아이들의 영어 실력이 다른 아이들에 미치지 못해 뒤처질까 봐 집에서 특별 회화 수업도 진행하고 있다고 했다.

"비용이 당연히 부담되죠. 항공료랑 숙박이 포함되다 보니 500만 원은 기본으로 넘더라고요. 저는 둘이니까 1000만 원이 한 번에…… 그렇다고 돈 조금 아끼자고 원하는 곳에 못 보내면 나중에 더 후회할 것 같아서 기왕 할 거 좀 더 투자하자는 생각이에요."

그는 최근 친구로부터 '캠프에 참석했던 한 아이가 프로그램을 마치지도 못한 채 되돌아왔다'는 소식을 들어 더 불안해졌다.

"비용도 비용이지만 일단 방학 기간 대부분을 보내는 것이기 때문에 제대로 효과를 봤으면 하죠. 한 번으로 그치지 않고 매 방학마다 캠프를 보내는 엄마들이 있는 걸 보면 부모도 아이도 만족했기 때문이겠죠? 처음이라 그런지 더 걱정되고 불안하고 그러네요."

## 영어 중심 사립 초등학교, 타 사립 초등학교보다 교육비 월등히 높아

영어 교육에 초점을 맞춘 사립 초등학교가 타 사립 초등학교에 비해 교육비가 1000만 원 이상 높은 것으로 조사됐다. 지난 2012년 서울시의 사립 초등학교 1학기 학생 부담액은 최소 4000만 원대부터 최대 7000만 원대 수준이다. 입학금, 수업료, 통학 버스비, 급식비 등 네 항목을 더한 총 비용으로 조사됐다.

1위를 차지한 태강삼육초는 7365만 원으로 나타났다. 이 학교는 영어, 중국어 등 다양한 언어 교육에 초점을 맞춰 국제 학교 수준의 교육열을 자랑한다.

2, 3, 4위는 영어 교육에 초점이 맞춰진 이머전 학교인 우촌초등학교, 영훈초등학교, 매원초등학교가 나란히 올랐다. 각각 6722만 원, 5877만 원, 5841만 원의 총 비용이 든다. 5위 역시 영어 교육을 강조하는 홍익대학교 부속초등학교5561만 원가 차지했다. 이로써 1~5위에 속하는 사립 초등학교는 모두 영어에 중점을 두는 학교인 것이다. 이 학교들의 경쟁률은 평균 4:1에서 최대 7:1 수준이다.

수업료만 4000만~5000만 원대이며 입학금 1000만 원, 통학 버스비 500만 원, 급식비 300만 원 수준이다. 그 외 다른 학교들의 입학금, 통학 버스비, 급식비는 동일한 수준이다.

# '조기 영어 교육'
# 무엇이 문제인가

—이병민(서울대 영어교육과 교수)

**영어 교육, 무엇 때문에 목을 매는가**

영어 교육에 대한 현 상황을 몇 가지 측면에서 진단해 볼 수 있다.

첫째는 조기 영어 교육에 대한 지나친 맹신이다. 우리나라 환경에서 '조기에 영어를 배운다'는 것이 갖는 의미는 제한적이다. 그럼에도 불구하고 이를 맹신하는 사회적 분위기가 문제다. 일찍 영어를 배워서 얻는 것이 있으면, 반드시 잃는 것이 있다는 사실을 잊어서는 안 된다.

둘째, 영어 능력이라는 것 자체에 부풀려진 부분이 많다. 즉, 영어 능력이 마치 그 사람의 전반적인 지적 능력까지를 나타내는 것처럼 보인다는 말이다. 그러나 영어는 영어일 뿐, 영어 능력은 여러 다양한 능력 중 하나에 불과하다. 다른 능력이 우수한 사람들이 영어 능력까지 우수했던 것을 보고 단순 논리로 영어 때문에 그 사람이 우수하다는 믿음을 가져선 안 된다.

셋째, 지난 10여 년 대한민국은 영어공화국이었다. 특히 학교 시스템이 많이 달라졌다. 국제중이니 외고니 국제고니 몰입 교육이니 하면서 소위 선발로 학생을 뽑는 학교들이 많이 생겼다. 이 학교들에 학부모들의 관심이 쏠리면서 입시 경쟁이 다시 부활했고 이들 학교들은 우수한 명문고로 행세하게 됐다. 사실상 이들이 영어 때문에 명문고가 된 것이 아니라, 다른 모든 학교들이 일반고를 유지한 상태에서, 이들 학교들이 우수한 학생들을 고스란히 선발해 갔기 때문에 명문고가 된 것이다. 그 선발의 명분이 영어인 셈이다.

요즘 교육 현실은 과거 70년대로 돌아간 상황이다. 명문 중학교<sup>영훈중, 대원중</sup>를 비롯해서 명문고가 다시 부활했고, 명문초<sup>영훈초 및 기타 사립초</sup>도 부활한 상황이 됐다. 이들 학교에 반드시 영어가 연관되어 있다. 영재라는 시스템을 통해 명문고를 만드는 것은 명분이 약하고 그런 학교를 많이 지정할 수도 없다. 영재 학생이 지속적으로 많을 수도 없다.

반면 영어를 명분으로 외고나 국제고를 세우면 사회적으로 명분이 있을 뿐만 아니라, 영어를 잘하는 아이들 또한 많다. 영어는 영재가 아니어도 노력하면 누구나 잘할 수 있는 언어이기 때문이다. 이 점이 대학 입학까지 연결되어 있다. '영어는 국제어다. 영어만 잘하면 사회에서 탄탄대로를 밟는다'는 추상적이고 손에 잡히지 않는 이야기보다는 초등학교, 중학교, 고등학교, 대학교로 이어지는 일부 소수의 특수 학교에 입학시키기 위한 몸부림이 영어 교육과 밀접하게 연관되어 있는 것이다. 이것이 지난 10여 년 동안 우리 사회에 알게 모르게 퍼진 변화다.

세계화, 국제화의 물결 속에서 영어라는 명분은 언제나 통했고, 영어를 통해 국제화 세계화 경쟁력을 갖추겠다고 하면 그것이 우리 교육을 망치거나, 전반적인 교육 시스템을 붕괴시키거나, 아이에게 어떤 정신적 부담이 오거나, 가정이 해체되거나<sup>기러기 아빠</sup>, 엄청난 사교육비를 포함한 경제적 비용이 들어가도 모두 덮어 버릴 정도의 파괴력을 가지게 됐다. 이것이 오늘의 현실이다. 부모들은 몸부림치고 아이들은 고통받고 있다.

### 올바른 영어 교육, 대안은 없는가

개인적으로 여러 경로를 통해 이런 한국 사회의 영어를 둘러싼 매크로<sup>Macro</sup>한 구조와 마이크로<sup>Micro</sup>한 구조에 대해 지적해 왔다. 대안은 여러 가지를 고려할 수 있다. 우선 우리말이 아닌 영어라는 외국어에 대해 지금과 같이 여러 공식적인 경로를 통해 지나치게 가중치를 부여하는 교육 시스템은 더 이상 용납해서는 안 된다고 본다.

70년대나 80년대에는 영어 능력을 지적 능력이라 볼 수 있었다. 모두들 비슷한 조건에서 배우고 공부했으니 그런 환경에서 영어 능력으로 경쟁하는 것은 개인의 노력이 결정적인 역할을 했다. 그러나 지금은 전혀 다른 상황이다. 집에 자가용이 있어서 매일 운전을 하는 아이와 집에 자가용이 없을 뿐만 아니라 학교에서 한 달에 한 번 정도 겨우 운전대를 잡아볼 수 있는 아이들을 한 교실에 놓고 가르치면서 운전을 잘하는 아이를 무조건 우수한 아이라고 인정한다. 자본의 논리로 초등학교에서부터 아이들을 선발하고 평가하는 것은 공정하지 않다. 중학교, 고등학교, 심지어 대학에서도 마찬가지다. 그러나 그것은 교육적이지 못할 뿐만 아니라 공정한 경쟁이 될 수 없다. 우리나라 공교육 체제 속에서 그런 식으로 아이들의 영어 능력을 평가하고 그것으로 각종 입학 혜택을 부여하는 것은 편법이다. 편법이 마치 정도인 것처럼 소수의 학생들에게만 혜택을 부여하면서 다수의 학생들을 소외시키는 체제다. 이것부터 제대로 돌려놓아야 한다.

### 개인이 모든 교육비를 부담하는 것 바람직하지 않다

초·중·고등학교에서 영어 교육을 실시하고 있지만, 학교가 제대로 된 영어 교육을 할 수 있는 기반을 정부나 지방 교육청들이 마련해 주지 못하고 있는 실정이다. 교사가 마음껏 뜻을 가지고 재량껏 자율적으로 가르칠 수 있도록 해주는 것이 필요하다. 평가로 인해 이상한 영어 교육이 되지 않도록 평가로부터 자유롭게 해주어야 한다.

또한 영어라는 한 나라의 외국어를 배운다는 것은 쉽지 않다. 시간도 오래 걸린다. 고등학교까지의 영어 교육으로 영어가 완성되는 것이 절대 아니다. 영어 교육이 필요하다면 대학은 대학대로 기업은 기업대로 사회적 비용을 부담해야 한다. 지금처럼 개인에게 대부분의 교육비를 떠넘기는 것은 바람직하지 않다. 영어 능력을 가진 사람이 필요하다면 사회 전체가 교육시키고 길러내야 한다. 개인이나 가정에 일방적인 부담을 지우면 결국 개인의 경제력에 의해 영어 능력이 결정되는 오늘날과 같은 상황만 반복될 뿐이다.

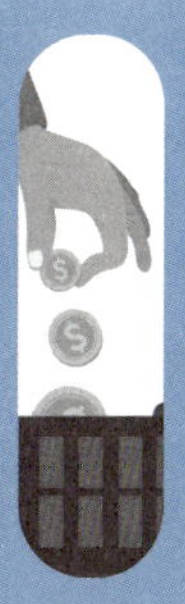

# 수능-내신-논술-공인인증시험-입학사정관제

## : 고3, 죽음의 5각형

공부만 잘해서 되는 시대는 이제 끝났다. 학교에서 전교 1등을 하고 내신 성적 관리를 아무리 철저하게 했어도 좋은 대학을 갈 수 있는 기회는 예전보다 훨씬 줄어들었다. 대한민국 사회가 학생들에게 더 이상 '공부'만 요구하지 않는 것이다.

이전까지만 해도 대학에 입학하기 위해서는 '수능-내신-논술'이라는 죽음의 트라이앵글만 통과하면 됐지만, 2008년 이후 '입학사정관제'라는 새로운 전형이 도입되면서 '수능-내신-논술-공인인증시험-입학사정관제'라는 죽음의 오각형을 통과해야만 한다.

결국 '슈퍼 고3'이 되기 위한 노력은 부모의 몫이다. 내신 성적을 올리기 위해 영어, 수학 단과 학원은 기본이고, 부족한 과목을 보충시키기 위해 돈을 더 주고 개인 과외까지 듣는다. 교내에서 열리는 수많은 경시대회에서 상을 타기 위해 외부 업체에 가서 일정 금액을 내고 상을 받기 위한 실력을 만든다. 공인 영어 성적을 받기 위해 고등학생 수준에서는 공부하기 어려운 토익이나 토플 학원을 다니고 학원비에 매달 시험 전형료까지…… 대한민국 부모는 그야말로 등골이 휘어진다.

분명 사교육 비중을 줄이기 위한 목적으로 입학사정관제를 도입하고 수시 비율을 정시 비율보다 높였지만 학생은 학생대로, 부모는 부모대로 힘들다. 학생들은 내신 성적과 스펙 두 마리 토끼를 다 잡아야 하고 부모의 사교육비 부담도 이중으로 들어간다. '죽음의 오각형'을 거쳐 대학 입학을 준비하고 있는 고3 수험생의 학부모 중 에듀푸어로 전락한 부모들을 만나 대한민국 사교육의 현주소를 알아봤다.


### 4마리 토끼 다 잡으려다……
### 비용은 비용대로, 시간은 시간대로, 성적은 성적대로 망쳐

"고1 때는 입학사정관제를 준비하다가 고2 되니까 논술을 준비하라고 하더라고요. 그러다 고3 되니까 갑자기 적성 검사를 준비하라고 해 애도 스트레스 받고 저도 당황스럽고……."

경기도에 위치한 혁신 학교에 다니는 고3 자녀를 둔 임경란 씨[53·가명]는 요즘 마음이 급하다. 학교에서 지시가 떨어질 때마다 그 말만 믿고 준비시켰는데, 학년이 올라갈 때마다 준비하라는 전형 내용이 달라졌기 때문이다. 여름방학이 끝나고 곧 1차 수시 모집이 시작되는데 임씨는 고3 딸을 어떤 전형으로 넣어야 할지 감조차 잡을 수가 없다.

임씨는 2011년, 딸이 고등학교에 들어가자마자 '입학사정관제'에 대한 세미나가 학교에서 수없이 열렸다고 말했다. 방과 후에도 아이들을 대강당에 모아 놓고 입학사정관제에 대해 이야기하고 학기 중에 부모들을 위한 입학사정관제 세미나를 여는 등 '입학사정관제 붐'이 일었다. 자신이 가고 싶은 학과를 정하고 그에 맞는 교내 활동을 통해 경력을 만들어 두면 성적이 그리 좋지 않아도, 꿈에 대한 열정을 높이 평가해 대학에 갈 수 있다는 것이었다.

"우리 딸이 고1 때는 '언론정보학과'를 가고 싶다고 했어요. 나중에 예능 PD 같은 게 하고 싶다고…… 아무튼 고1 때부터 방송과 관련된 활동에 돈을 쏟아 부었어요. 영상과 관련된 걸 일반 고등학교에서는 준비하기가 어렵잖아요. 기기도 그렇고 영상 편집 같은 걸 학교에서 가르쳐 줄 선생님이 없다 보니까 결국 외부 학원을 찾아갈 수밖에 없었죠."

언론정보학과를 가고 싶다며 영상 편집 기술을 전문적으로 배워 보고 싶다는 딸의 말에 임씨는 걱정이 앞섰다. 고등학교 1학년이면 내신 성적을 관리하고 수능을 볼 수 있게 기본 내공을 쌓는 게 중요하다고 생각했지만, 학생들 활동이 중심이 되는 '입학사정관제' 전형이 중요하다고 학교에서 하도 강조하다 보니 그 활동을 안 시킬 수 없는 노릇이었다.

중학교 때 다니던 종합 학원 대신 고등학교에 올라오면서 영어와 수학 단과 학원으로 돌렸는데 임씨는 이미 영어와 수학 학원비에 각각 35만 원씩 투자해 70만 원의 교육비를 부담하고 있었다. 하지만 자신이 정한 전공에 맞는 활동도 필요하기 때문에 결국 영상 편집 기술을 배워 놓으면 나중에 동영상으로 작품을 만들 수 있어 수상 경력이 생길 수도 있으니 도움이 될 것 같았다.

"경기도에는 영상 편집을 전문적으로 가르쳐 주는 학원이 없어서 신촌 쪽으로 알아봤어요. 기본적으로 편집 기술이랑 촬영 기술을 가르쳐 주는 반은 25만 원인데 좀 더 디테일한 기술을 배우고 싶으면 8만 원 정도 추가해 특강을 들을 수 있다고 하더라고요. 이왕 하는 거 제대로 배우는 게 좋겠다 싶어 33만 원 주고 아이를 학원에 등록시켰어요."

한 달에 70만 원씩 학원비로 나가는 것이 임씨에게는 적지 않은 부담이었지만 결국 입학사정관제 전형도 신경 쓰기 위해 영상편집학원을 등록하면서 아이 교육비에만 100만 원을 투자하게 됐다.

"중학교 때까지만 해도 한 달에 50만 원 정도 교육비를 쓰면서 너무 많이 쓰는 게 아닌가 싶었는데 막상 애가 고등학생이 되니까 대한민국에서 100만 원은 평균이라는 생각이 들더라고요. 어찌 됐든 우리나라에서 대학은 가야 사람 대접 받으니까, 원없이 투자해서 조금이라도 좋은 대학에 가면 좋겠다고 생각해서 교육비를 썼죠."

전업 주부인 임씨는 남편이 벌어오는 월급 350만 원에서 100만 원을 아이 교육비로, 나머지는 전세금 대출 이자와 생활비로 쓰면서 빠듯하다는 느낌을 받았다고 했다.

"남들은 애가 둘, 셋 있으니까 학원비가 그만큼 많이 들어가지만 우리는 딸아이 하나니까, 이 정도 투자하는 게 그리 많은 건 아니라고 생각하고…… 고1 때는 그나마 100만 원 들어가는 것도 다행이라고 생각했어요."

임씨의 딸은 성적도 반에서 10등 안에 들며 중상위권을 유지했고, 방송반 활동도 열심히 했다. 학교의 모든 행사에 참여해 촬영을 하고 편집을 하면서 실력을 쌓고 자신만의 경력을 쌓아 나갔다. 학교 행사에 참여하고 수업 듣고 학원까지 갔다가 집에 오면 밤 12시가 넘는다. 교복도 갈아입지 못한 채 쓰러지는 딸을 보면 짠했지만 임씨는 그 와중에도 불안하다는 느낌을 버릴 수 없었다고 한다.

"반에서 10등 안에 들어도 부모 마음이 그래요. 단과 학원 대신에 전문 과외 선생님을 붙이면 5등 안에 들지 않을까, 내신 성적을 더 높이면 그만큼 수시를 쓸 때 경쟁력이 생기지 않을까, 자꾸 욕심이 생기더라고요."

딸이 고등학교 2학년이 되면서 임씨는 단과 학원을 끊고 전문 과외 선생님을 붙였다. 영어와 수학이 모두 50만 원, 60만 원으로 단과 학원 가격의 두 배로 뛰었지만 그 정도의 가치가 있다고 생각했다. 아이가 학원을 왔다 갔다 하는 것도 피곤해하는데 차라리 집에서 편하게 공부하는 것이 체력 관리에도 좋고, 모르는 것은 선생님과 일대일로 수업하는 것이 성적 향상에 더 도움이 될 것이라 생각했기 때문이다.

딸도 과외 수업에 더 만족해했고, 이대로만 가면 고3까지 문제없을 거라 생각했다. 그러던 어느 날 딸아이가 '학교에서 논술 준비해야 된대'라는 말을 꺼냈다. 입학사정관제만 철저히 준비하면 된다던 학교에서 애들을 강당에 불러 놓고 논술의 중요성을 강조하고 있다는 것이었다.

며칠 뒤 학부모를 위한 대입 설명회가 있어 찾은 학교에서는 ''입학사정관제'는 아직 검증되지 않은 전형으로 시험적인 단계이기 때문에 100퍼센트 이 전형을 신뢰할 수 없어 안전장치를 만들어 둬야 한다'고 했다. '때 마침 입학사정관제로 성균관대학교에 입학한 학생이 알고 보니 지적 장애아동을 성추행한 사실이 서류에 반영되지 않은 것이 밝혀지면서 입학이 취소됐다'는 이야기를 했다. 이 일로 입학사정관제에 대한 신뢰도가 갑자기 떨어진 것이다. 붐처럼 일었던 입학사정관제의 거품이 빠지면서 자연스럽게 논술이 대체 수단으로 떠올랐다.

7개월 정도 영상편집학원을 다니면서 웬만한 기술을 익혔다고 생각한 임씨는 딸아이를 목동에 있는 논술 학원까지 보냈다. 일주일에 한 번 3시간 수업에 25만 원이었고, 10만 원을 더 내면 구술 면접반도 들을 수 있어서 총 35만 원을 결제했다.

"영어, 수학 과외비를 합해서 110만 원씩 매달 내고 있었는데 논술 학원을 다니면서 거의 150만 원 정도를 한 달에 고정적으로 지출하게 됐어요. 그때만 해도 아이 아빠가 벌어오는 수입의 절반 정도를 아이 교육비에 쓰고 있었는데, 생활비를 좀 줄이더라도 아이 교육비만큼은 못 줄이겠더라고요. 내가 더 불안해서……."

임씨는 주변 엄마들은 80만 원짜리 전문 과외를 시키는데 자신은 그렇게 해주지 못해서 아이 성적이 오르지 못하는 것 같은 느낌까지 들었다고 했다.

당시에도 딸은 반에서 10등 이내 성적을 꾸준히 유지하고 있었다고 한다. 등수가 확 오르지 않아 불안했지만 그래도 방송국 활동하고 논술까지 하면서 이 정도 성적을 유지하는 딸이 대견스러웠단다.

"방학 때가 되면 기업이나 시·도에서 고등학생을 대상으로 영상물제작대회 같은 걸 열어요. 전국에 있는 아이들이 모두 도전하는 거죠. 아무래도 전국대회니까 상을 받아 두면 좋을 것 같아서, 대회에 나가기 전부터 영상편집학원에 부탁해서 특강비로 한 20만 원 정도 주고 개인 레슨을 받아요. 아이 혼자 하기에는 미숙하니까 전문가가 주제도 잡아 주고 편집도 좀 도와주고……."

임씨는 아이가 수상을 하는 경우도 있고 하지 못할 때도 있었지만 그래도 가능한 많은 대회에 참가하게끔 했고, 그때마다 학원에 특강비를 계속 지불했다. 고2 여름방학이 끝날 무렵쯤에는 독서실 비용이나 문제집 비용을 포함해 한 달에 거의 200만 원씩 아이에게 고정적으로 지출하고 있었다.

"남편이 벌어오는 돈은 정해져 있는데 아이 교육비로 너무 많이 쓰게 되니까, 한 달에 교육비로 200만 원 정도 쓸 때부터는 남편이랑 계속 싸우게 되더라고요. 시부모님이 갑자기 아프셔서 병원비도 들어가고, 원래 나가던 대출 이자도 있는데 아이 교육비도 포기할 수 없었어요. 그래서 자꾸 마이너스 통장을 쓰게 되니 남편은 남편대로 스트레스 받고…… 남편과 돈 때문에 싸운 날이면 인터넷 아르바이트 사이트라도 들어가서 40대 여성 모집하는 곳 없나 찾아보기도 했어요. 맘 같아서는 청소부라도 해서 애 국어 과외라도 시켜 주고 싶더라고요."

문제는 고3이 되고 나서였다. 내신 성적뿐 아니라 영상 관련 활동에 신경을 쓰면서 논술 준비까지 하다 보니 아이 성적이 자꾸 떨어지기 시작한 것이다. 고3 올라가서 처음 본 모의고사 성적이 고2 때보다 전부 한 등급씩 내려갔고, 반에서 등수도 밀리기 시작했다. 중간고사가 끝난 뒤 담임 선생님과 상담을 하는데, 담임이 아이에게 적성 시험을 권했다.

"고3 담임선생님을 만나고 왔는데. 정말 하늘이 노래지더라고요. 우리 아이가 고1 때부터 해왔던 활동 내역을 보더니 대뜸 하는 말이, 입학사정관제는 중학교 때부터 준비하지 않으면 소용없다는 거예요. 입학사정관제를 준비하라고 학교 선생님들이 고1 때부터 노래를 부르더니 너무 늦었다는 거예요. 우리 애만큼 교내 방송국 활동과 영상제작대회 상 한두 개씩 갖고 있는 애는 전국에도 몇천 명 있다며…… 다른 애들은 EBS에서 하는 고등학생 프로그램에도 참여하는데 그런 애들하고 경쟁이나 할 수 있겠냐고 하면서 입학사정관제 전형은 가능성이 없다고 하더라고요."

담임선생님은 반에서 10등 안팎의 아이 성적도 그리 인상적이지 않다면서 내신 비중을 많이 보는 학생부 전형도 힘들다고 말했다.

"논술을 준비하고 있다고 했더니 우리 애 글 쓴 걸 몇 번 봤는데 그 정도로는 어림없다고 차라리 사고력 학원 같은 곳을 보내지 그랬냐며 지금부터라도 적성 시험을 준비하라는 거예요. 학교에서 시키는 대로 시간은 시간대로, 돈은 돈대로 썼지만 애 성적은 자꾸 떨어지고 이제 와서 다시 뭘 시작하라니 정말 답답해서 미칠 것 같아요."

고3이 되면서 슬럼프에 빠진 아이도 더 이상 공부할 의욕이 없어 걱정인데, 담임한테 그런 이야기를 들으니 더 막막했다. 임씨는 남편에게 학교에서 들은 이야기를 전하며, 더 나은 선생님이 필요한 것 같다며 6개월 정도 남았으니 후회없이 투자하자고 말했다. 그동안 교육비에 너무 많은 돈을 지출한다던 남편도 막상 아이의 성적이 떨어지고 대학을 가지 못할 것 같다는 이야기를 듣자 덜컥 겁이 났는지 더 이상 아이 학원비에 대해 언급하지 않는다고 한다.

"그날 담임선생님과 상담한 뒤로, 결국 강남에 적성 검사 대비하는 유명한 학원이 있다고 해서 거기 보내고 있어요. 이왕 하기로 한 거 강남에 팀 과외도 하나 구해서 애가 적성 검사 공부하고 바로 영어, 수학 과외까지 받을 수 있게 만들었어요."

임씨는 강남의 영어, 수학팀 과외비에만 거의 200만 원이 들어가고, 여전히 논술 학원까지 보내고 있으며 적성 검사 학원비가 추가적으로 30만 원 정도 들어간다고 말했다. 가끔 학원에서 주최하는 모의 적성 검사를 볼 때는 따로 비용을 지불하고, 다른 부수적인 비용까지 전부 합하면 한 달에 250만 원에서 많게는 280만 원까지 교육비로 쓰고 있다.

"대한민국에선 고3 엄마가 봉이라고들 하잖아요. 저도 아이 중학교 때까지만 해도 내가 이렇게까지 교육비에 많이 투자할까 싶었거든요. 근데 사람 마음이 어쩔 수 없더라고요. 가끔 고1 때부터 이것저것 다 하라고 해서 돈 쓰고, 애 성적까지 떨어진 걸 생각하면 화가 치밀지만 어쩌겠어요. 이게 대한민국 현실인데."

인터뷰를 마칠 때쯤 임씨의 휴대폰 액정에 아이가 보낸 문자 메시지가 도착했다.

'엄마, 나 지금 목동에서 논술 끝나고 강남으로 이동 중…… 있다가 집에서 봐.'

## 내신＋입학사정관제, 결국 다 돈이다

목동에서 고등학교를 다니는 고2 아들을 둔 김미현 씨[48 · 가명]는 최근 아이로부터 황당한 소리를 들었다. 중학교 때부터 아들이 경영학과를 목표로 준비하고 있었는데, 자기 스펙을 고등학생들이 자주 방문하는 인터넷 사이트에 올렸더니 봉사 활동 시간이 부족하다는 리플이 10개 이상 달렸다는 것이다.

"고2 때였는데 우리 아들 봉사 시간이 한 140시간 정도 됐어요. 이 정도면 공부하는 시간 쪼개서 한 것치고는 정말 많이 한 거라고 생각했는데…… 140시간이 부족하다는 말에 아들이 자기도 입학사정관제 전문 컨설턴트한테 관리를 받아야 한다며 알아보라더군요."

김씨는 그때서야 입학사정관제를 관리해 주는 '전문 컨설턴트'가 따로 있다는 것을 알게 됐다고 한다. 강남 엄마들은 빠르면 초등학교 6학년 때부터 아이에게 컨설턴트를 붙여서 교내 활동뿐 아니라 외부 활동, 봉사 활동까지 관리해 준다고 한다.

"입학사정관제 전문 컨설턴트로 활동하시는 분들 중에 가장 믿을 만한 건 이미 입학사정관제로 자기 자녀들을 SKY에 보낸 엄마들이에요. 자기 자식을 먼저 합격시켰으니까 그만큼 믿음도 있고, 엄마들이다 보니 꼼꼼하고…… 요즘 컨설턴트 학원들이 우후죽순 생겨나고 있는데 그런 곳에서 일하는 강사 분들 이력은 못 믿겠고…… 그러다 보니 이런 '엄마 컨설턴트'들을 다들 선호해요."

김씨는 같은 아파트에 사는 엄마들이나 입학사정관제에 관심을 갖고 있는 중학생 학부모들과 같이 돈을 모아 컨설턴트를 초빙해 설명을 들었다. 학습연구센터를 운영하고 있는 전문 컨설턴트는 자기가 직접 아이들 활동을 관리해서 자녀를 서울대와 고려대에 보냈다고 한다.

"컨설턴트가 그러더라고요. 요즘은 연예인만 매니저가 필요한 게 아니라고요. 애들에게도 매니저가 필요한데 워킹맘들이 많다 보니 자녀 교육에 신경을 많이 못 쓰는 게 당연하고, 막상 회사를 그만두고 자녀 교육에 뛰어든다고 해도 이미 정보를 많이 알고 있는 엄마들한테는 못 당한다고요. 그러니 저는 전문가한테 맡기는 게 가장 좋겠다는 생각이 들었어요.”

컨설턴트를 통해 관리를 받는 비용은 적게는 20만 원부터 많게는 100만 원이 넘는다. 본격적으로 관리를 받기 전에 아이의 학교 성적과 지금까지 해왔던 활동들을 정리해서 가져가면 아이에게 어떤 전공과 전형이 적합한지도 알려준다고 한다.

“처음에는 저도 반신반의했어요. 근데 확실히 미리 해본 사람은 다르더라고요. 요즘에 학교 안에서 경시대회가 굉장히 많거든요. 상을 하나라도 더 받으려다 보니 경쟁도 치열하고. 그러다 보니 아이들은 자기와 상관없는 분야라도 상을 하나라도 더 받으면 좋을 것 같으니까 마구잡이로 경시대회에 나가요. 근데 컨설턴트가 학교 홈페이지에서 1년 내내 열리는 상 목록을 쭉 뽑은 다음에 형광펜으로 아이가 목표로 한 전공에 꼭 도움이 될 만한 것만 집어서 준비하게 해주니까 좋더라고요. 그러면 남는 시간에는 봉사 활동이나 다른 외부 활동을 준비하면 되니까요.”

김씨는 은행에 다니는 남편의 월급이 한 달에 450만 원 정도 되는데 한 달에 300만 원 정도를 큰아이에게 쓰고, 80만 원을 초등학교에 다니는 둘째에게 쓴다. 최근 들어 고2 아들에게 돈이 더 들어가면서 아이들 교육비로만 1000만 원 정도를 대출받아서 쓰고 있다고 한다.

실제로 입학사정관제 전형이 도입된 뒤 외부 활동이 이력에 들어가게 될 경우, 그 외부 활동을 하는 데도 비용이 들기 때문에 입학사정관제 전형을 지원할 때 서류에는 교내 활동만 인정하도록 국가에서 정해 놓았다. 그래서 일반 고등학교들은 1년에 50개 정도 다양한 분야의 경시대회를 열어서 아이들이 자신의 전공에 맞는 대회에 나가 입상하고, 그 이력을 적도록 해두었다.

취지는 매우 좋다. 하지만 실제로 학교에서는 처음 취지와는 전혀 다른 의도로 흘러가고 있다. 교내에서 열리는 상을 두고도 치열한 경쟁이 벌어지다 보니 사교육에 의존하지 않을 수 없다는 것이다.

"우리 아이 학교에서 1년 동안 열리는 경시대회 중에 절반은 대학의 전공과는 상관없이 아이의 인성과 관련된 상이 많아요. 요리경시대회, 한국문화알리기대회부터 친구사랑 편지쓰기대회, 스승의날 편지쓰기대회 등 추상적인 대회들이 많아 열려요. 이런 것들이 전공하고는 상관없지만, 이런 종류의 상을 갖고 있으면 나중에 면접관한테 학교생활에 적극적으로 활동했다는 이미지를 주게 되므로 작은 요리경시대회 같은 것에도 애들은 목숨을 걸죠."

실제로 김씨의 아들은 교대를 지망하지만 전문 컨설턴트의 추천으로 요리대회와 친구사랑 편지쓰기대회에 나가서 상을 받아 왔다. 요리대회를 나갈 때도 컨설턴트가 연결해 준 종로에 있는 요리 전문 학원에 가서 12만 원을 내고 메뉴와 요리 방법을 배운 후 대회에 나갔다.

이런 식으로 아이의 활동 하나하나를 전부 컨설턴트가 관리해 주고, 활동할 때마다 전문가들과 연결시켜 비용 지불 후 스펙을 만들어 나가는 것이다. 편지쓰기대회나 글짓기대회를 할 때는 컨설턴트가 논술 전문 선생이나 국문과 대학생에게 10~15만 원 정도를 주고 아이와 함께 글을 만들어 나갈 수 있도록 연결한다는 것이다.

"이렇게 비용을 들이는 게 아깝다가도 아이가 상을 받아 오면 나중을 위해 다 도움이 될 것 같다는 생각도 들고……."

김씨는 고2 중반부터 아이를 전문 컨설턴트에 맡겨 한 달에 40만 원은 기본이고, 대회에 나갈 때마다 추가적인 비용을 부담해서 평균 80~100만 원 정도 지출한다고 한다. 여기에 영어·수학 과외비만으로 100만 원 정도를 부담하고 언어와 사회 등 단과 학원비까지 포함하면 한 달에 300만 원까지 지출하는 달도 있단다.

김씨는 아이가 수행평가로 발표 수업을 준비할 때도 가끔 컨설턴트의 도움을 받는다고 한다. 수행평가 점수 1~2점 차이로 등급이 갈리는 경우가 많고, 김씨의 아들은 성적이 그렇게 좋지 않아서 수행평가를 통해 가능하면 점수를 많이 따두는 것이 성적에 유리하기 때문이다. 학교에서 하는 경제 과목의 경우 아이들에게 발표 수업을 많이 시키는데 아들이 경영학과를 목표로 하고 있어서 이러한 것을 준비할 때는 특히 신경을 많이 쓴다.

5~8만 원 정도 주면 경영학과 대학생들이 아들과 함께 발표 수업을 준비하고, 적절한 주제를 잡아 자료 조사도 철저하게 해 주어 높은 수행평가 점수를 받을 수 있다. 내신 공부와 다른 과목 수행평가도 준비해야 할 때는 이렇게 중요 과목들에 돈을 들이면 아이가 부담을 덜 느끼며 준비할 수 있어 좋다고 한다.

"우리 아이는 성적이 그렇게 좋지 않아서 수능을 봐서 대학에 가기는 어렵고 무조건 입학사정관제로 갈 생각을 하고 있어서 수상 이력이나 교내 활동이 굉장히 중요해요. 봉사 활동도 그렇고……."

김씨는 봉사 활동도 컨설턴트에게 맡겼다고 한다. 봉사 활동을 인정받을 수 있는 기관이 따로 정해져 있는데, 이 정보를 일반 학부모들이 계속 챙기기는 어렵다. 하지만 컨설턴트는 봉사 활동 기관의 일정을 꿰고 있기 때문에 학부모들에게 '알람' 식으로 문자를 보내 준다고 한다.

'5월 7일 ○○ 기관 봉사 활동 9시부터 1시까지'

이런 식으로 문자가 오면 아이의 스케줄에 맞춰서 신청하면 된다. 신청한 후 컨설턴트가 요구하는 비용을 제공하고 참여한다. 3~5만 원 정도 들고 봉사 활동이 끝나면 아이들에게 그에 대한 레포트를 작성해 모아 두게 한다. 체험이나 느낀 점을 써서 정리해 두었다가 나중에 자기소개서 쓸 때 도움이 되게 하거나, 면접 때 이 사례와 자신의 전공을 결부시켜 설명할 수 있도록 '소스'를 만들어 준다.

"이렇게 우리 아이가 한 활동이 전문적으로 관리되고 차곡차곡 쌓이는 걸 보니 안심도 되고, 제가 봐도 다른 아이들하고 차별성이 있는 것 같아 돈은 많이 들지만 아깝다는 생각이 안 들어요. 학교에서 아이들 사이에서도 자기 스펙을 두고 서로 비교하곤 하는데 관리 받는 아이들이랑 아닌 아이들이랑 확실히 차이가 나니까, 지금은 교육비가 많이 들어도 좋은 대학만 갈 수 있다면 이 정도 투자는 당연하다고 생각해요."

교육비가 많이 들어가는 것에 대한 문제보다는 이러한 전문적 관리에 대한 만족도가 더 크기 때문에 어쩔 수 없이 돈을 쓸 수밖에 없다는 것이 엄마들의 대체적인 입장이었다. 돈을 들인 만큼 아웃풋만 확실하다면 얼마든지 더 쓰겠다는 것이 고3을 둔 엄마들의 심정인 것이다. 김씨는 초등학교 4학년인 둘째는 중학교 1학년부터 컨설턴트를 붙여 관리를 받을 계획이라고 밝혔다.

### 폐지해야 할 전형 '입학사정관제'

교사, 학부모, 학생 모두가 폐지해야 할 대학 입시 전형으로 입학사정관 전형을 꼽았다. 교육시민단체 '사교육걱정없는세상'과 박홍근 민주통합당 의원이 전국 100개 고등학교 3학년 학생 6143명, 고3 학부모 3190명, 교사 1388명 등 총 1만 721명을 대상으로 실시한 설문조사 결과, 사교육을 가장 많이 유발하는 전형으로 이들 모두 '논술'을 꼽았으며, 교사는 입학사정관 전형[22.2%]을 2위로 꼽았다.

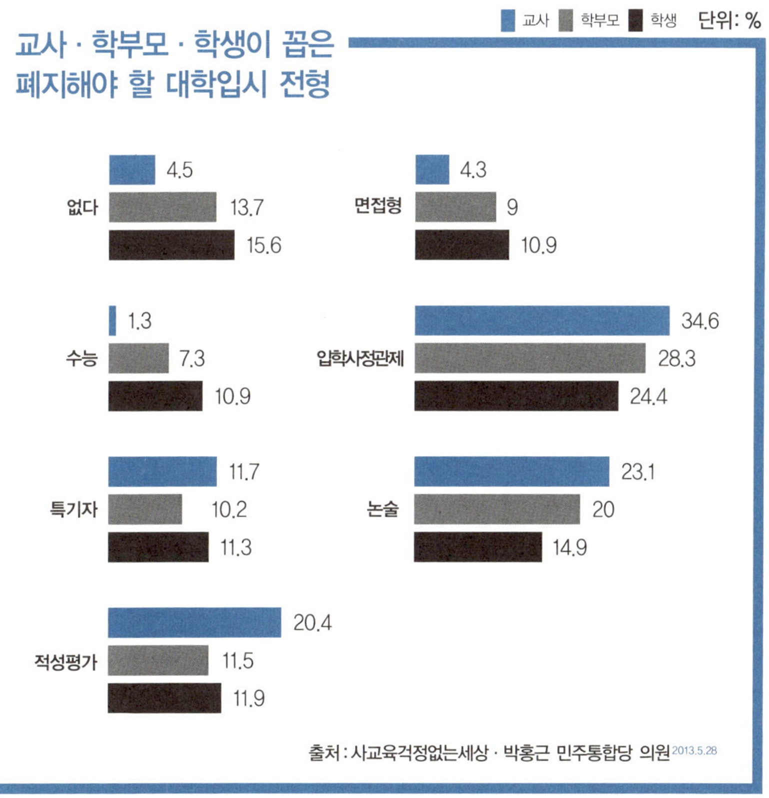

# 05

# '입학사정관제'의
# 문제점과 해결책

–양정호(성균관대 사범대학 교육학과 교수)

**Q** 현재 입학사정관으로 활동하면서 대한민국의 '입학사정관제'를 어떻게 보는지, 입학사정관제를 처음 도입할 때의 목적과 지금 입학사정관제가 어떻게 변화됐다고 생각하는지?

**A** 입학사정관제의 취지를 생각해 보면 우리 교육이 나아갈 방향을 잘 반영하고 있다고 생각한다. 즉 입학사정관제는, 입시 하면 고등학교 교과 점수나 수능과 같은 점수만을 반영하는 기존의 학생 선발 방식에서 학생의 고등학교 전 과정 동안 해당 전공 또는 모집 단위의 진학을 위해 얼마나 충실한 노력을 꾸준히 하였는지를 더 중요하게 고려하는 학생 선발 방식이다. 제대로 운영된다면 대학의 학생 선발 자율성도 충분히 확보할 수 있으며, 고등학교 교육도 정상화시킬 수 있는 아주 매력적인 제도이다.

그러나 입학사정관제의 이런 긍정적인 취지에도 불구하고, 각 대학에서의 실제 입학사정관 전형의 운영에서는 특목고나 각종 경시대회, 어학 시험처럼 일종의 스펙을 반영한다는 우려가 지난 3, 4년 전부터 확대되면서 학부모, 교사, 학생의 입장에서는 또 하나의 부담으로 작용한 측면이 있다. 현재 66개 대학에서 정부가 395억 원이라는 예산을 들여 시행하고 있는 점을 고려하면 입학사정관제의 본래 취지가 잘 살아나도록 하는 것이 필요하다.

**Q** 입학사정관제를 두고 학생들과 학부모들의 불만이 커지고 있다. 그 이유는 무엇이라고 보는지?

**A** 현재처럼 입학사정관제에 대한 오해와 불신이 늘어나게 된 데에는 몇 가지 이유를 들 수 있는데, 우선 대학의 적극적인 홍보나 정확한 정보 제공 부재가 큰 요인이다. 물론 2010년 4월부터 정부와 한국대학교육협의회가 사교육이나 스펙의 내용을 반영하지 못하도록 하는 '입학사정관제 운영 공통 기준'을 발표, 이를 각 대학이 준수하고 있는지 여부를 매년마다 진행되는 현장 점검을 통해 파악해 오고 있다. 하지만 대학에서는 자기소개서나 교사 추천서, 그리고 별도의 우수성을 입증하는 자료 등 추가 서류를 요청하면서 일종의 외국어 성적이나 외부 활동 증명서를 제출하는 것을 방치한 측면이 강하다. 서울대, 성균관대, KAIST를 비롯한 대학에서 명확하게 학교 이외의 활동이나 외국어 성적을 반영하지 않는다고 제시하는 것이 필요했는데 그렇게 하지 못했다. 2013년부터는 대학의 모집 요강에 명시적으로 제시한다고 하니 학부모나 학생의 외부 스펙에 대한 오해는 해결되었음 한다.

또 입학사정관제가 교내 상을 많이 받거나 동아리와 학급, 전교 회장 활동을 한 특정 학생들만을 위한 전형으로 이해되는 부분은 문제가 있는데 대학과 대교협이 이에 대한 적극적인 대책을 마련하지 않은 측면이 있다. 학생들 입장에서는 수능도 준비해야 하고, 내신도 신경 써야 하는데, 여기에 더해 다양한 학교생활이 요구되기 시작하면 입학사정관제 준비가 더 큰 부담으로 작용할 가능성이 있다. 실제로 대학의 선발에 있어 많은 활동이나 교내 상을 받는 것보다는 자신의 전공이나 미래 직업과 관련 있는 적절한 정도의 활동만으로도 충분한 측면이 있는데 이것에 대한 정보를 제공하지 않는다는 단점이 있다.

마지막으로 입학사정관제 전형의 명칭이 너무 혼란스럽고, 최종적으로 합격한 학생이 누구인지에 대한 명확한 정보 공개가 되지 않아 혼란을 가중시키고 있다. 즉 입학사정관 전형은 실제 세부 내용에서는 서로 비슷한 방식으로 진행되지만, 전형 명칭 자체가 대학마다 차이가 있어 교사나 학생과 학부모에게 오히려 더 혼란스러운 것이다. 예를 들어, 동일한 입학사정관 전형임에도 알바트로스 인재 전형, 다빈치형 인재 전형, 네오르네상스 전형, 두드림 특성화 전형 등 각기 다른 명칭을 사용해 오히려 혼란을 가중시키고 있다. 또 대부분의 학부모들은 단순한 정보나 사례를 통해 누가 합격했는지 투명하게 알고 싶은데 이에 대한 명확한 정보를 대학이 제공하지 못하는 측면이 있다. 물론 특정 합격 사례를 제시할 경우, 오히려 입학사정관제가 '내신 몇 등급이면 붙는다더라, 어떤 교내 상 수상과 활동을 해야 된다더라' 하고 오해를 불러일으킬 수 있지만 그래도 어느 정도의 합격 사례를 제시해 주어야 더 이상 혼란이 확대되지 않을 것으로 보인다.


**Q** 현재 입학사정관제가 갖고 있는 문제점을 개선하기 위해 어떤 노력이 필요한지?

**A** 입학사정관제가 제대로 정착되기 위해서는 다음 몇 가지를 더 반영해

서 진행할 필요가 있다.

우선 우리나라 입시 역사를 볼 때, 점수 위주의 학생 선발 방식<sup>수능이나 내신 반영</sup>은 대학이나 고교의 입장에서는 바람직하지 않다. 결국 점수 위주가 된다면 학생들은 공교육보다는 사교육에 의존할 가능성이 높고, 또다시 1점 아니 0.001점 차이에 의해 합격 여부가 결정되는 비정상적인 구조가 반복될 수밖에 없다. 그렇게 되면 학원이나 재수생만이 늘어나는 악순환이 다시 나타날 것이다.

따라서 입학사정관제의 미덕인 고교에서 다양한 활동을 할 수 있는 기회를 제공하고, 학생들이 자신의 진로나 적성에 따라 대학에 진학할 수 있는 긍정적인 부분이 살아날 수 있도록 유도하는 것이 우선이다.

둘째로 입시가 매 정부 5년마다 바뀌는 형태보다는 좀 더 장기적인 안목을 통해 진행될 수 있도록 해야 한다. 입학사정관제 역시 원래 참여정부 초기부터 논의된 것을 기초해 이명박정부에서 확대한 정책이라는 점을 고려하면 앞으로도 최소 5년 이상 최대 10년 이상까지 꾸준히 진행될 수 있는 입시 제도를 만들어 운영해 나가는 것이 필요하다.

이를 위해 국가 단위의 미래 교육을 연구하는 초정권적이고 초정파적인 미래교육위원회를 만들어 운영하는 것이 좋다. 우리 학부모나 학생, 그리고 교사들은 자주 변경되는 입시 제도에 힘들어 하고 있다. 따라서 미래교육위원회를 통해 중장기적으로 유지되는 제도를 만들고 운영하는 것이 중요하다.

셋째로 입학사정관제를 포함한 수능, 논술, 내신 모두가 전형 요소라는 복잡한 학생 선발 방식을 사용하고 있는데 이런 부분은 일반 학부모나 학생, 교사가 알기 쉽도록 개선하는 것이 필요하다.

예를 들어, 입학사정관제 전형에서는 요구하는 서류를 단순화시키거나, 전형 명칭을 하나로 통합, 수능이나 논술, 내신 전형에서도 특정 과목을 몇 퍼센트 반영하는 식의 복잡한 방식을 바꿔 학부모, 학생, 교사가 쉽게 이해할 수 있도록 해야 한다. 마찬가지로 논술도 추가적인 부담에서 벗어나 대학에서 직접 출제하는 현행 방식에서 탈피해야 한다.

고등학교 수준에 맞는 문제가 출제됨은 물론, 고교에서 공동으로 논술 시험을 보는 방식으로 바꿀 필요가 있다. 미국의 SAT II처럼 필요한 학생이 공동으로 시험을 보고 채점 결과에 따라 대학이 이것을 반영하는 방식이 바람직하다. 현재와 같이 늘 너무 어렵다는 논란이 반복되고 고교에서는 준비가 불가능하다는 논술 시험이 문제다. 전혀 고교 교육과 상관없이 사교육에만 의존하게 하는 시험 모습은 바람직하지 않다.

마지막으로 현재 입학사정관 전형은 대학에 온라인을 통해 학생이 지원을 하게 되면 교사가 전혀 알 수 없는 방식으로 진행되고 있다. 즉 교사는 최종적으로 학생이 어느 대학의 무슨 과에 지원했는지 알 수가 없다. 이런 현상은 오히려 고등학교 교사의 진학 상담을 어렵게 하고 있다.

이제는 사설 기관에 의존하지 말고 선진국에서 일반화된 한국형 공통 원서 접수 시스템을 만들어 학생의 대학 진학 지원도 편리하게 하고 교사에게도 진학 정보를 충분히 공유할 수 있게 해야 한다.

대학에서도 지원 정보나 합격 정보를 정확히 한국형 원서 접수 시스템을 통해 제공한다면, 다시 한 번 공교육 중심의 대입 위주로 진행될 가능성이 높다. 이렇게 된다면 학생이나 학부모, 교사도 더 이상의 혼란보다는 정확한 정보를 바탕으로 사교육 기관보다 훨씬 우위에 있는 정보를 활용해 진학

지도가 가능할 것이다. 이것이 바로 공교육에 힘을 실어 주고 고등학교 교육을 살리는 지름길이다.

**Q** 더 나아가 현행 '내신-수능-수시-논술 전형'에 대해서 어떻게 생각하는지?

**A** 현행 수시에서는 입학사정관 전형, 내신, 논술을 중심으로 선발되고 있으며, 정시는 수능시험 중심으로 학생을 뽑고 있다. 현재 이런 전형이 거의 3000여 개에 이르고 있고 매년마다 줄어든다고 해도 너무 많은 전형 숫자라는 인식이 학부모나 학생, 교사에게 고정화될 수밖에 없다. 앞으로 수시는 학교생활기록부<sup>학생부</sup>를 보는 전형으로 통일할 필요가 있으며, 정시는 수능만을 고려한 아주 단순한 형태의 학생 선발 방법을 유지하는 것이 필요하다.

즉 수시는 입학사정관 전형 중심으로 필요시 학생의 생활기록부를 반영해, 내신이나 학교의 다양한 활동을 고려한 선발 방식으로 간소화하는 것이다. 논술이나 소위 적성 검사라는 대학별 고사는 불필요하다고 생각한다.

또 정시는 현재와 같이 국어·영어·수학·사회·과학탐구를 복잡하게 몇 퍼센트씩 조합해 반영하기보다는 인문사회 계열과 자연이공 계열 두 가지로 단순화시켜 누가 봐도 쉽게 알 수 있는 방식으로 국영수와 탐구 과목의 총점을 반영하는 것으로 바꾸는 것이 필요하다.

결국 미래의 대입은 수시는 입학사정관이 검토하는 학교생활기록부 중심 선발 방식으로, 정시는 수능 총점을 반영하는 선발 방식으로 가는 것이 더 이상의 혼란이나 진학 지도의 어려움이 없도록 하는 길이라고 생각한다.

# 우리나라에 중산층은
# 엄두도 못 내는 특수귀족학교가 있다

연간 유치원비 2000만 원, 연간 초·중·고등학교 학비 2000~3000만 원…… 유치원부터 시작해 초·중·고등학교를 졸업하면 자녀 학비만 약 3억 원이 든다. 여기에 기숙사비와 식비, 실습 활동비, 자재비, 통학 버스 등 교통비, 생활비 등을 더하면 5억 원을 훌쩍 넘는다. 입이 쩍 벌어지는 이 같은 액수의 학비는 북미나 유럽의 사립 명문 학교의 얘기가 아니다. 바로 지금 대한민국에서 벌어지고 있는 우리 사회의 현실이다.

## 에듀푸어 양산하는 국제학교

서울 강남구 논현동에 사는 최미란 씨[42·가명]는 대기업에 다니는 남편과 슬하에 초등학생 아들 하나를 둔 가정주부로 요즘 고민이 많다. 아들 김영석 군[10·가명]이 4학년에 올라갈 때쯤 지금 다니는 제주국제학교의 기숙사에

146

보낼지 아니면 근방 전셋집에 살지 아직 결정을 내리지 못했기 때문이다. 영석 군이 2학년 때 미란 씨 부부는 아들을 제주국제학교에 보내기로 결심했다. 학교생활에 적응을 잘 못하고 친구들과도 쉽게 어울리지 못했던 아들이 보기 안쓰러워서였다. 그러다 보니 영석 군은 자연히 학업 성취도가 다른 학생들에 비해 떨어졌고 점점 더 학습 의욕을 잃어갔다. 이를 지켜보던 미란 씨 부부는 '아들 하나 있는데 무엇을 아낄까' 하는 마음으로 자녀 교육에 모든 것을 올인하기로 결정했다. 그때는 영석 군이 아직 어려 기숙사에 들어가지 못하는 나이였기 때문에 미란 씨가 아들과 함께 제주도로 왔다. 아들과 아내를 지원해 줘야 하는 남편 김부용 씨[46·가명]는 회사가 있는 서울에 남을 수밖에 없었다. 아들이 다니는 학교 인근은 집값이 너무 비싸 전세를 구하기가 만만치 않았다. 국제학교가 들어서며 인근 땅값이 점점 더 올랐기 때문이다. 결국 학교와는 조금 거리가 떨어진 곳에 작은 전셋집을 구한 미란 씨는 아들과 함께 제주 생활을 시작했다.

"여기 와서 초기에는 정말 막막했어요. 아이 교육 때문이라지만 아는 사람 하나 없는 이곳에 와서 살림을 하나 더 차린 셈이니까요. 사실 제주도가 관광지로 여행 오는 곳인 줄로만 알았지 아들 덕택에 이렇게 직접 살게 될지 누가 알았겠어요. 남편도 졸지에 기러기 아빠 신세, 생홀아비가 된 거잖아요. 혼자서 일어나 출근하고 퇴근 후에도 아무도 없는 집에서 혼자 밥해 먹고 빨래하고…… 옆에서 챙겨 줘야 하는데 남편을 생각하면 미안하고 가여워요."

영석 군을 위해 제주국제학교를 선택하면서 미란 씨 가족의 삶은 모든 것이 달라졌다. 가장 큰 변화는 경제적인 문제다. 이곳에 오기 전 남편의 수입으로 남부럽지 않은 생활을 영위했었다. 신혼 초부터 일을 그만둔 미란 씨는 남편의 뒷바라지를 하며 알뜰살뜰히 살림을 꾸려 나갔다. 남편의 승진과 함께 차곡차곡 자금도 모였다. 첫 아이 출산 뒤 둘째를 가지진 않았지만 신혼 때 살던 전셋집에서 이사해 논현동 전세 아파트를 마련했다. 아이가 성장하면서 남편이 타고 다니는 차량도 점점 커져 중형차로 바뀌었다. 미란 씨는 맘에 드는 디자인의 소형차를 선택했다. 토요일이면 가족 셋이 근사한 곳에서 외식을 하고 드라이브를 즐겼다. 살림살이에 경제적인 어려움은 없었다.

하지만 영석 군을 제주국제학교에 보낸 뒤 여유 자금은 요원하기만 하다. 두 집 살림에 들어가는 기본 생활비만 해도 어림잡아 두 배가 넘는다. 각종 관리비, 수도비, 가스비, 전기요금, 통신비, 교통비 등 죄다 지출 항목만 늘었다. 또 한 해 수천만 원에 달하는 학비도 그렇거니와 여기에 각종 실습 활동비며 기자재비, 급식비, 통학 버스비 등 아이 교육에 부수적으로 들어가는 돈이 끝도 없다. 기왕 보냈는데 다른 아이들에게 위축되면 안 된다는 생각에 요구하는 족족 돈을 내긴 하지만 밑 빠진 독에 물을 붓는 심정이다.

가족과 미란 씨 자신의 삶도 사라졌다. 미란 씨는 남편이 출근할 때면 꼭 아침밥을 챙겨 주었었다. 아들이 등교할 때도 마찬가지였다. 남편과 아들이 나가면 오전 시간은 여유로운 그녀만의 것이었다. 커피머신에서 신선한 원두를 갓 볶아낸 향긋한 아메리카노가 뿜어져 나오면 비로소 미란 씨만의 하루가 시작됐다. 좋아하는 라디오 채널을 틀어 놓고 흘러나오는 음악 속에서 신문을 보거나 책을 읽었다. 점심시간 전에는 인근에

148

위치한 문화센터에 나가 필라테스를 배웠다. 가끔씩 사소한 일로 남편과 다투더라도 오후에 친구들을 만나 분위기 있는 카페에서 브런치를 먹고 한참 수다를 떨고 나면 언제 그랬냐는 듯 잊히곤 했다. 학교에서 돌아온 아이와 함께 장을 보고, 퇴근해서 돌아온 남편의 양복 상의를 웃는 얼굴로 받아 주며 저녁을 차렸다. 단란한 세 가족이 식탁에 둘러앉아 저녁식사를 즐기며 그날의 일과를 나누면 하루가 마무리됐다.

하지만 지금은 달라졌다. 부부가 따로 살다 보니 부용 씨는 생홀아비가, 미란 씨는 생과부가 된 꼴이다. 아이를 위해 제주도에 내려온 그녀지만 인간적으로 드는 외로움은 어쩔 수가 없었다. 주위에 일면식도 없는 사람들뿐이라 외출할 일도 적어졌다. 같은 학교에 다니는 자녀를 둔 학부모들과 인사를 하지만 서로 경제적인 우위를 가늠하는 것 같아 쉽사리 마음을 터놓기가 힘들다. 전에는 비슷한 환경의 이웃들이 있었지만 지금은 괜히 자신이 위축돼 보이는 것 같아 더 마음의 문을 닫고 형식적으로 사람들을 대하는 것 같다. 친구들과의 허심탄회한 수다가 그리웠다.

남편 부용 씨 역시 마찬가지다. 아내와 자식을 멀리 제주도로 보내 놓고 나니 자유로움도 잠시뿐, 아내의 잔소리가 그립다. 주말에 모처럼 늦잠을 자는 아빠 배 위에 올라와 놀아 달라고 깨우던 영석이가 보고 싶다. 영석이를 보낸 뒤 초반에는 거의 1~2주에 한 번은 서로 왔다 갔다 하며 가족이 함께 모였다. 하지만 시간이 많이 들고 비용도 적지 않아 지금은 한 달에 한 번 꼴로 제주도를 찾는 부용 씨다. 보고 싶은 마음은 스마트폰 화상 통화로 대신한다. 만날 때마다 몰라보게 부쩍 자라 있는 영석이를 보면 좋으면서도 한편으로 가슴이 아픈 건 왜일까. 부용 씨는 아무리 교육을 위해서

라지만 가장 좋은 시기를 가족이 뿔뿔이 흩어져 보내는 건 아니라는 생각
에 가끔 회의가 든다. 혼자 있다 보니 집에서 텔레비전을 틀어 놓고 캔맥
주를 홀짝이는 일이 잦아졌다. 끊었던 담배도 다시 손에 들었다. 저녁은
고사하고 아침도 당연히 거른다. 배가 나오고 건강이 나빠짐을 느낀다.

　부용 씨는 자신이 기러기 아빠 신세가 된 것을 회사 동료나 주위에 애
기하지 않았는데도 그들이 미리 알았다는 게 신기하다. 하지만 떠올려
보면 금방 '하긴 그렇겠구나' 싶은 생각에 피식 쓴웃음이 나온다. 부용
씨가 출근길에 나설 때면 미란 씨는 늘 비뚤어진 넥타이를 바로잡아 주고
구두도 다시 한 번 손질했었다. 늘 다음 날 입을 수 있게 깨끗이 다려진
와이셔츠와 드라이 된 정장을 걸어놔 줬다. 퇴근하고 돌아오면 귀찮더라
도 꼭 샤워를 하고 자라 했고, 아침이면 일찍 일어나서 아침을 챙겨 먹고
가라고 야단이었다. 너무나도 반복된 일상이었기에 감사하기보다는 당
연하다고 여겼다. 이 모든 게 사라진 지금에서야 소중함이 절실하게 와
닿는다. 퇴근하고 일찍 들어가 봐야 아무도 없는 불 꺼진 집이라 들어가
기 싫어 매일 술이다. 직장 동료며 주위 친구에게 연락해 억지로라도 퇴
근 후 약속을 잡는다. 그것도 한두 번이지 가정이 있는 친구들은 슬그머
니 발을 뺀다. 그나마 가족을 미국에 보내고 기러기 아빠 생활을 하는 친
구와 동병상련하다 보니 술만 늘었다.

　지금은 그나마 남편이 돈을 벌어 충당이 되지만 퇴직을 하고 나면 어떻
게 생활할지 미란 씨 또한 막막하기만 하다. 아이를 공부시켜 미국 대학
에 보내 좋은 직장에 취직시키는 것만이 유일한 길인지 잘 모르겠다는 심
정이다. 자식의 앞날을 위해 부모가 모든 걸 뒤로 한 채 매달리는 게 맞는

건지…… 부부가 생이별하고 노후 준비도 전혀 못하는 게 과연 옳은 길인지…… 아이 또한 전에 비해 학교생활과 교육에 만족하는 것 같지만 내심 아빠가 그리운 것 같다. 엄마가 줄 수 없는 또 다른 아빠만의 사랑이 있는 법이니까. 가장 중요한 시기에 아이 또한 한 부모 자녀로 자라게 되는 건 아닌지 걱정이 든다.

## 한국 부모 특유의 경쟁 심리가 빚은 특권층

"강남에 산다고 하면 국제학교 학비쯤은 아무렇지도 않게 낼 수 있는 수준인 줄 알겠지만 그게 아니에요. 물론 여기에는 몇억 원쯤은 우스운 사업가나 전문직 부모의 자녀도 있겠죠. 하지만 그런 사람을 제외하면 한 해 수천만 원이 드는 학교 교육비를 쉽게 생각할 사람이 몇이나 될까요. 우리 가정만 해도 논현동 전세 아파트가 전 재산이나 다름없고 여기 제주에 얻은 전셋집도 대출을 받아 빌린 것인데 남편이 직장을 그만두기라도 한다면 문제가 생기겠죠. 아마 여기서도 남편의 퇴직이나 사업 악화 등 경제 상황이 나빠져 자녀를 전학시킨 사례가 있을 겁니다. 사실 영석이가 원래 다니던 학교에 적응만 잘했어도 제주도까지 오지는 않았을 거예요. 우리 부부가 영어 교육에 목을 맨 것도 아니고. 어쩌다 보니 이렇게 됐지만 매년 오르는 학비에 이제 기숙사비까지 들어갈 걸 생각하면 걱정이 앞서네요. 한창 부모의 사랑이 필요한 나이에 아이 혼자 떨어져 있어 나중에 정서적으로 문제가 되는 것은 아닌지 노파심도 생기고요. 여기 다니는 건 말하자면 특권층인데 당연히 교육 수준은 공교육과 비교할 수 없을 만큼 좋습니다. 말 그대로 경제력에 의한 교육 특권을 누리는 거죠. 내 돈을

내가 써서 자식한테 양질의 교육을 시키겠다는데 누가 뭐라느냐면 사실
할 말이 없는 거죠. 하지만 그 이전에 우리 사회의 비정상적인 경쟁 구도
와 이기적인 교육열을 한번 돌아봐야 되지 않을까요. 유학 보내는 걸 줄
이기 위해 국제학교를 만들었다지만 결국 이런 특권층은 주위에 위화감
을 조성시키게 되잖아요. 이런 것을 만들기 전에 전반적인 공교육 시스템
을 점검해야 하는 건 아닌지 하는 생각이 듭니다. 모든 아이들이 영어에
목을 매야 하는지도 의문이고요. 우리나라는 이런 게 있잖아요. 정작 필
요해서라기보다 주위에서 하니까 하는 거 말이에요. 한국 부모 특유의 경
쟁 심리가 작용하는 거죠. 우리 애만큼은 최고로 키우고 싶다는 불굴의
의지라고 할지, 옆집 애가 영어 유치원에 다니는데 우리 애는 한글 유치
원에 다니면 마치 크게 뒤처지는 것처럼 여기잖아요. 사회 구조 자체가
그런 분위기를 조성하고요. 정작 아이가 원하는 게 뭔지, 뭘 잘하고 뭘 하
고 싶어 하는지 따질 새도 없이 영어에 피아노에 골프에 만능 천재를 만
들어내는 컨베이어벨트에 집어넣는 꼴이죠. 이런 곳에서 내 아이만 안 시
킬 수도 없는 노릇이잖아요. 국제학교에 와도 학부모 사이에 미묘한 경제
력 경쟁이라든지 자녀의 성적 비교가 없겠습니까. 경쟁만을 외치는 구조
속에서 자본주의적 속성에 의한 돈이라는 또 하나의 특권 교육 계층이 생
겨난 것이죠. 이렇게 잘못돼도 단단히 잘못된 사회, 거기에서 더 크게 잘
못된 교육 구조부터 속 시원히 바뀌었으면 좋겠습니다."

## 대안학교란 이름으로 제주에 탄생한 강남 귀족학교의 문제

대안학교 차원에서 생긴 제주국제학교가 부유층 자녀들의 강남 귀족학

교로 변질되면서 사회적인 위화감을 조성한다는 지적은 이전부터 제기됐다. 제주국제학교는 기숙사비를 포함한 연간 학비가 5000만 원에 달하고 장학금 혜택도 거의 없어 중산층 이하 학생이 들어가기란 사실상 불가능하다.

2012년 이노근 새누리당 의원이 제주국제자유도시개발센터[JDC]에서 받은 국정 감사 자료에 따르면 JDC가 설립한 NLCS제주의 2011년 입학생 436명 중 서울과 수도권 출신 학생이 290명으로 67%를 차지했다. 이중 강남 3구[강남·서초·송파] 출신은 161명, 분당구 출신은 43명으로 각각 서울과 경기 출신 입학생의 76%와 55%에 달했다. 반면 제주 출신은 29명, 부산 출신은 19명, 인천 출신은 5명에 그쳤다.

제주국제학교의 연간 학비는 약 5000만 원에 이른다. NLCS제주의 등록금과 기숙사비를 합친 학비는 초등학교부터 고등학교까지 3900~4500만 원 선이다. BHA 역시 학년별 연간 학비가 4300~4800만 원에 달한다. 1회 약 4000원인 급식비는 별도로 내야 한다. 반면 장학금 혜택은 1년에 4명에게만 주어진다. 제주국제학교는 장학금 규모를 수업료 수입의 2% 내로 제한했다. 즉 학비를 낼 수 없는 학생이 제주국제학교를 다닐 기회란 거의 없는 셈이다.

## 만성적인 적자에 허덕이는 제주국제학교

만성적인 적자 구조의 제주국제학교는 운영 또한 방만하다고 지적됐다. JDC가 100% 출자해 국제학교를 운영하는 ㈜해울은 차입금[3746억 원]이 JDC 자본금[3638억 원]보다 많아 국회 예산정책처로부터 방만 경영을 지적 받았다. 이 같은 상황에서 학교 측은 외국인 교사에게 7000만 원의 연봉 외에 항공료와 이주 지원비 등 1인당 수천만 원을 추가 지원하는 실정이다. 또 영국계 학교 상표 사용과 교육 노하우 등의 로열티로 37억 원이 지급됐고 879억 원의 추가 지급이 남아 있다. 2011년 NLCS제주의 적자는 128억 원에 달했고 2015년까지 205억 원의 추가 적자를 기록할 전망이다. 하지만 JDC는 국제학교를 계속해서 늘려 나간다는 계획이다.

# 06

# 박홍근 의원이 말하는
# 국제학교의 허와 실

―박홍근(민주당 국회의원)

### 국제학교의 문제점

"현재 운영되고 있는 국제학교는 제주도의 한국국제학교, NLCS제주, BHA Asia와 인천의 채드윅 송도국제학교, 대구국제학교 등 5개다. 이들 국제학교는 〈경제자유구역 및 제주국제자유도시의 외국교육기관 설립·운영에 관한 특별법〉에 따라 설립됐다. 국제학교는 우리나라 학교 교육의 기본법이라고 할 수 있는 〈초·중등교육법〉이나 〈사립학교법〉과는 전혀 다른 적용을 받는 특수한 학교이다.

우리 헌법 31조는 '모든 국민은 능력에 따라 균등하게 교육을 받을 권리를 가진다'고 규정하고 있다. 그러나 상식을 벗어나는 고액의 학비를 부담시키고, 교육 제도의 틀을 벗어나 24시간 영어 몰입 교육을 표방하는 국제학교가 과연 인성과 공동체 의식, 국가와 민족 정체성, 사회의 유지와 발전 같은 교육 본연의 가치에 부합할 수 있는가에 대해서는 매우 회의적이다.

공립으로 만든 제주국제학교의 중학교 과정 1년 납입금이

3684만 원이다. 특히 제주 BHA Asia의 경우에는 고등학교 과정 연간 학비가 5700만 원에 이른다. 이는 교육부가 대학 알리미를 통해 공시한 올해 4년제 대학의 연간 평균 등록금인 667만 8000원보다 무려 8.5배 많은 것이다. 수업료 외에도 입학금, 기숙사비, 스쿨버스비, 급식비, 입학 전형료와 예치금, 신입생 등록금뿐 아니라 교과서 보증금과 국내 학연 인증 수업료 명목까지 거둬들이고 있다. 이렇게 납입 항목만 무려 10개에 이르다 보니 학생들 부담이 커질 수밖에 없는 구조이다.

특히 다른 국제학교와는 달리 제주국제학교의 경우에는 교육부가 국비와 지방교육재정교부금 명목으로 485억 9600만 원을 지원하여 공립으로 건립한 것이다. 그럼에도 불구하고 대형 영어 사교육 학원 업체인 YBM JIS에 20년간 독점 운영권을 부여하고, 5%를 초과하는 수익금 부분을 거둬들일 수 있도록 한 것은 국민 혈세로 특혜를 주는 것과 다름없는 일이다.

### 국제학교가 참교육의 길로 가는 방법

애초에 국제학교를 도입할 당시에는 해외로 유출되고 있는 영어 조기 유학에 대한 대체 국내 수요를 창출하고, 국내 거주 외국인 학생이나 해외에서 귀국한 내국인 학생이 교육 정착을 잘할 수 있도록 지원하는 목적이 있었다. 그러나 지금 국제학교의 성적표는 초라하기 짝이 없다. 우선 충원율에서 보면, 인가된 정원의 39.7%전체 정원 5884명에서 2338명에 불과하다. 게다가 외국인 학생 비율도 12.1%[283]명에 그치고 있다. 학생들의 선호도나 외국 인재 영입 측면에서 보면 모두 불만족스럽다는 것이다. 따라서 교육 수요자의 기대에도 부응하지 못하면서, 국민들에게 상대적 박탈감만을 안겨 주는 국제학교 제도를 계속 유지시킬지 여부에 대한 근본적 고민을 해야 한다.

인천의 송도국제학교를 제외하고는 모든 국제학교는 수도권이 아닌 지방에 있다. 그런데 전체 재학생 2055명의 3분의 2가 넘는 1394명[68%]의 주소지는 서울, 경기, 인천 등 수도권이다. 게다가 이들 수도권의 3명 중 1명은[465명] 이른바 강남, 서초, 송파 등 강남 3구 출신인 것으로 나타났다. 이들 학교의 입학 전형에는 지방 출신 학생을 우대한다든지, 지역 안배를 고려해 신입생을 선발하는 제도 자체가 전무하다. 그러나 과연 이런 제도가 마련된다고 해서 근본적인 문제가 해결될까? 거꾸로 보면, 학생들의 지역 분포는 우리나라 '부의 분포'와 맥을 같이한다. 따라서 부모의 재력이 아이의 영어 실력과 학업 수준을 결정짓는 지금의 국제학교 제도가 지속되는 한 어떤 개선책을 내놓아도 문제가 될 것이다.

또한 법과 제도의 허점 때문에 학교 운영 또한 매우 방만하다. 실제로 국제학교에 채용된 외국인 교원 326명에 대한 자료를 조사해 보니 급여 명목으로 최고 1억 6867만 원[BHA Asia 교장]이 지급됐을 뿐 아니라 항공료 및 이주비, 사택 관리비, 식대 등의 명목으로 별도의 각종 지원이 이뤄진 것은 물론, 휴대전화 비용으로만 총 4250만 원을 지급한 것으로 나타났다. 국제학교의 특수성과 자율성 보장에만 골몰하다 보니, 오히려 학생과 학부모에게 피해를 주는 사례가 발생하고 있는 것이다. 따라서 앞으로는 국제학교가 최소한 법적, 제도적으로 공공의 책임을 감당하도록 개선 조치를 취해야 한다.

# 등골탑의 모순,
# 어디에서 시작됐나

**밑 빠진 독에 물 붓느라 허리 휘는 부모들**

50대가 넘은 부부. 상상 속에서는 자식들 뒷바라지 마치고 여유롭게 노후를 준비해야 하건만 현실은 그렇지 못하다. 늦어진 결혼 때문에 아직 자녀들은 어리고, 날로 높아지는 교육비를 감당하려면 엄마는 식당으로, 아빠는 독서실로 가야 한다.

서울 영등포구 당산동의 A직업소개소. 직원들이 전화를 받느라 분주한 속에 50대 여성 3명이 소파에 멍하니 앉아 있다.

반나절이라도 일할 수 있는 가사 도우미나 식당 일이 들어올까 기다리는 이들은 모두 전업 주부였다. 이들이 다시 일을 하게 된 계기는 아이들 학원비 때문이었다.

송파구 잠실에 사는 송모 씨[52·여]는 지난달부터 식구들 몰래 베이비시터와 가사 도우미를 하고 있다.

"지난해부터 남편 사업이 어려워졌어요. 저축해 둔 돈도 바닥이 나고 과외비랑 학원비, 책값으로 월 100만 원이 넘게 나가는데 감당할 수 없어서 일을 하기로 마음먹었죠."

일을 하다 손톱이 부러진 것도 나중에 알았다는 그녀는 대학 가면 유학도 보내 달라는 딸의 말에 걱정부터 앞선다.

"요즘에는 취업 기준이 높아져서 유학 한번 안 갔다 오면 명함도 못 내민다던데 대학 학비에 유학비까지 대려면 언제까지 이렇게 일을 해야 할지 모르겠어요. 제 나이쯤 되면 이제 슬슬 노후를 준비해야 하는데 모을 돈이 있어야 모으죠. 이건 정말 밑 빠진 독에 물 붓기예요."

김민중 A직업소개소 실장은 '주부들의 전화가 많이 늘었다. 먹고살기 힘들어서 찾는 사람보다는 대부분이 자녀 학비 벌려고 오는 사람들이다. 명품 가방 들고 오는 아줌마들도 꽤 있고 대학원까지 나온 사람들도 있다'고 최근 추세를 들려준다.

아빠들은 기술자격증을 따기 위해 몰려들었다. 예전에는 평생직장이라는 말이 있었지만 요즘은 퇴직 연령도 빨라지고 조기 명예 퇴직하는 사람도 많아졌다. 능력 있는 젊은 사람들이 치고 올라오는 바람에 설자리도 좁아졌다. 다시 직업을 얻으려면 자격증 하나쯤은 필수여서 뒤늦게 독서실로 출근해 공부를 해야 한다.

이런 상황 때문에 2012년 굴착기운전기능사나 지게차운전기능사, 한식조리사 등 국가기술자격증을 딴 사람은 3만 명이 넘었다. 2007년에 비해 무려 73%나 늘었다.

이들이 자식들 교육비 대느라 등골이 휘면서 정작 본인 노후 대비는 못하고 있는 모습은 사회 구조적 모순과 맞닿아 있다.

우선 결혼 연령이 늦어졌다는 점이다. 20대에 결혼하는 남자들이 10년 새 절반 가까이 줄었다. 결혼 연령이 늦어지는 결정적 이유는 '직장'과 '돈' 때문이다. 우선 20대라면 직장을 막 들어간 신입사원이거나 아직 취업 준비생일 경우가 많다. 결혼 생활을 유지할 정도로 수입이 충분치 않으니 결혼을 미루는 것이다. 결혼을 하려면 집 장만이나 혼수 비용이 들기 때문에 돈을 모으지 못한 사람들은 결혼식조차 할 수 없는 현실이 만연해 있다. 이른바 3포 세대<sup>취업·결혼·출산 포기</sup>의 등장이다.

상황이 이러니 점점 결혼 연령은 남녀 공히 30대를 훌쩍 넘겨 버린다. 30대에 결혼해 자녀를 낳으면 빨라도 50~60대가 돼야 자녀가 대학을 졸업하니 그때까지 부모가 교육비를 부담해야 하는 사회 구조다.

또 하나의 문제는 교육비는 올라가는데 월급은 제자리걸음이라는 점이다. 학생들과 엄마들이 생각하는 교육비의 기본 액수는 강남 엄마들 덕분에 큰 폭으로 상승했다. 과거에는 30~40만 원짜리 과외만 받아도 교육 잘 받는다는 소리를 들었지만 지금은 싸구려 강사라는 소리를 듣기 십상이다.

이 때문에 강사들은 일부러 과외 가격을 높게 부르기도 한다. 과외비에 거품이 끼었다는 말이다. 그러나 거품은 내 자녀에게 더 좋은 것을 해주고 싶은 엄마들의 욕심이 투영돼 쉽게 사그라지지 않는다.

그나마 그 월급조차 몇 년째 제자리다. 월급이 제자리라기보다는 물가 상승률이 월급 상승률보다 높아 기본적인 의식주를 해결하고 나면 남는 돈이 과거보다 적어졌다는 말이다. 그러니 교육비로 지출할 수 있는 돈은 더 적어진다.

신용카드와 마이너스 통장 등 '외상 거래'를 손쉽게 할 수 있는 사회 구조도 월급을 체계적으로 쓸 수 없게 만든다. 그러니 일정액의 교육비를 쓰기 위해 다시 '외상 거래'를 할 수밖에 없고 '외상 거래'를 갚기 위해 더 많은 빚을 지게 되는 악순환이 계속되는 것이다.

## 심각한 고용 불안과 자녀 교육비로 노후 대비 못하는 모순

아빠들의 직장이 불안해진 것도 노후를 준비할 수 없는 대표적 이유 중 하나다.

통계청이 발표한 '2013년 5월 경제활동인구조사 청년층 및 고령층 부가조사 결과'에 따르면 자녀 교육비와 부대 비용 때문에 일을 해야 하는 희망 취업 연령은 72세라는 조사가 나왔다. 실제 퇴직 연령과는 19년이라는 차이가 난다. 특히 소프트웨어 기술직 같은 첨단 산업에 종사하는 사람들은 퇴직 연령이 45세로 상당히 빠르다.

이럴 경우 경력 단절로 다른 일을 찾기 위해 준비하는 시간을 가져야 하고 그 시간만큼의 생활 자금과 교육비는 고스란히 빚으로 남는다. 이런 사회 구조적 문제도 있지만 더 큰 문제는 가치관의 문제다.

여기서 우리는 '꼭 자녀에게 고가의 과외를 시켜야 하나'라는 질문을 던져야 한다. 고소득자가 아닌 이상, 자녀 교육에 모든 것을 쏟아 붓는 비상식적 병리 현상은 '모 아니면 도'로 상대의 모든 것을 빼앗는 제로섬 게임일 수밖에 없다.

부모가 자녀들 교육비에 모든 재산을 올인한 후, 자녀는 부모가 일을 할 수 없게 되는 시점에 다시 그 부모를 부양하기 위해 빚을 져야 하기 때문이다.

이런 상황이 악순환되지 않으려면 우리 사회 구성원 모두의 의식 구조가 개혁돼야 한다. 사회의 학벌 중시 풍조가 바뀌지 않는 한 부모들은 계속해서 빚을 내서라도 자녀들을 교육시키려 할 것이다.

대학을 나오지 않으면 능력과 관계없이 사회 경제적 차별을 받는 현실이 변해야 한다. 교육 재정을 내실화해 사교육 의존도를 줄이는 것도 급선무다. 무엇보다 고교만 졸업해도 괜찮은 직장을 잡을 수 있고, 직장에 취업한 후에도 학력보다는 능력에 따라 대우받는 풍토를 정착시키는 게 근본 해법이다.

정부와 대학, 기업이 머리를 맞대고 그릇된 학력 인플레 구조를 차단해야 교육비로 인해 구멍 나는 사회 · 경제적 낭비를 줄여 나갈 수 있다.

# 교육비 부담으로 인한 중산층의 붕괴

### 중산층 붕괴로 이어지는 빈곤 사회로의 가속화

고등학교 1학년과 중학교 3학년 두 자녀를 둔 김하정 씨[43 · 가명]는 평범한 중산층 주부다. 공무원인 남편의 소득은 한 달 400여만 원이다. 넉넉하지도 부족하지도 않았던 김씨 부부는 아이들이 상급 학교로 진학하면서 휘청거리기 시작했다.

지난 겨울방학 동안 큰딸 학원비로 10만 원, 영어와 수학 과외로 각각 30만 원씩 총 70만 원을 썼다. 둘째 학원비와 과외비도 60여만 원이다. 월 소득의 30%가 넘는 비용이 교육비에 쓰였다.

이뿐 아니다. 전세 계약이 만료되면서 주인집에서 전세 가격을 올리자고 하는 바람에 할 수 없이 은행에서 대출을 받았다. 원리금과 이자를 합하면 120만 원이다. 공과금과 생활비 100만 원, 부모님 용돈 40만 원, 네 식구 용돈 100만 원을 합하면 가계는 이미 마이너스다.

월급 400만 원이 넘으면 중산층이라 생각했는데 그런 인식도 바꿔야 할 판이다. 통계청 가계 동향 조사에 따르면 1990년 75.4%였던 중산층 비중은 2000년 71.1%, 2010년엔 67.5%로 계속 줄어들고 있다.

중산층 가운데 적자 가구의 비중도 크게 증가했다. 1990년 15.8%에서 2010년 23.3%로 8%나 증가했는데 중산층 적자 가구가 늘어난다는 것은 중산층 중에 중산층이 아닌 가구가 점점 늘어난다는 방증이다.

## 중산층 붕괴의 근본 이유…… 과도한 교육비 지출

중산층이 사라지는 이유는 무엇일까? 중산층 적자의 비밀은 어디에 있는 것일까? 최근 현대경제연구원은 의미 있는 조사 결과를 발표했다.

부채가 있고 적자 상태임에도 불구하고 평균보다 많은 교육비 지출로 빈곤하게 사는 교육 빈곤층이 2011년 현재 82만 4000가구에 달한다는 것이다. 이는 자녀 교육비 지출이 있는 632만 6000가구의 13%에 달한다.

우선 교육비 지출에 있어 첫째, 교육 빈곤층은 전체 평균보다 50% 이상 많은 교육비를 지출한다. 자녀 교육비 지출이 있는 가구의 평균 교육비는 소비 지출의 18.1%인데 교육 빈곤층은 소비 지출의 28.5%를 자녀 교육비로 사용한다. 둘째, 중·고등학생을 둔 교육 빈곤층의 사교육비 부담이 가장 크다는 것이 특징이다. 전체 교육비의 85.6%를 지출한다.

지출과 소비와 관련된 특성을 보면 첫째, 교육 빈곤층은 소득보다 가계 지출이 더 많아 소득의 22%인 월평균 68.5만 원의 가계 수지 적자를 기록하고 있다. 더불어 가계 지출에 포함되지 않는 부동산 대출 상환 등의 기타 지출도 소득의 66%에 달한다. 둘째, 과중한 교육비 부담으로 인해 다른 부분의 소비는 대부분 평균 이하로 줄이고 있다.

이런 교육 빈곤층 가구 특성을 종합해 보면 '대졸 이상, 40대, 중산층에 속하는 가구'가 주류를 이룬다. 즉 중산층이 무너지는 가장 큰 이유가 바로 과도한 교육비 지출에 있다는 것이다.

## 고비용 사회 또한 중산층 붕괴의 원인

그렇다면 부모들은 왜 과도하게 교육비를 지출하는가? 전문가들은 우리 사회에서 고비용 출산 및 육아 교육 문화 확산을 '내 아이를 최고로 키우겠다'는 욕망만으로 설명하는 것은 무리가 있다는 지적이다.

한국의 고비용 사회도 교육비가 늘어나고 중산층이 무너지는 데 큰 몫을 담당하고 있다. 정부가 복지 정책을 통해 감당해야 하는 부분을 국민이 부담하는 경우가 많기 때문이다.

정부가 공교육을 강화해서 사교육비 부담을 덜어 줘야 하는데 언감생심 사교육비는 하늘 높은 줄 모르고 치솟기만 한다. 정부가 임대 주택을 충분히 공급해서 주거비 부담을 덜어 줘야 하는데 그렇지 못해서 중산층은 치솟는 전셋값에 빚을 낼 수밖에 없다.

2013년 상반기 소비자 물가는 1.3% 상승에 그쳤지만 체감 물가는 5.4%에 달한다. 지출할 수밖에 없는 품목이 많고 체감 물가도 높다 보니 중산층 소득으로는 중산층 삶을 영위할 수 없게 돼 가난해지는 것이다.

이런 상황에서 노후 대비라는 것은 엄두도 못 낼 일이다.

우선 보유 자산은 제자리걸음인데 빚은 자산 증가보다 훨씬 빠르게 늘어난다. 있는 자산만으로는 노후 준비가 안 된다는 말이다.

소득 상위 40~60%의 2012년 평균 자산은 2억 3204만 원이었다. 2006년의 2억 188만 원에서 불과 3000만 원 증가하는 데 그쳤다. 증가율로 치면 13%에 불과하다. 반면 빚은 자산 증가보다 훨씬 더 빠르게 늘어난다. 소득 상위 40~60%의 평균 부채는 3000만 원에서 3900만 원으로 30%나 증가했다. 같은 기간 내 자산 증가율의 2배가 넘는다.

자산이 늘지 않는다면 노후까지 일할 수 있는 일자리를 잡아야 하는데 그 또한 만만치 않다. 고용노동부에 따르면 퇴직 가장 가운데 제2의 일자리를 잡는 경우는 전체의 35.1%에 그치고 있다.

노후 대비를 제대로 해놓지 않은 상태에서 재취업마저 안 되면 당장 곤란을 겪을 수밖에 없다. 그렇다고 자녀에게 기대기에도 부담스럽다. 자녀들도 취업 전쟁의 최전선에서 길을 잃었기 때문이다. 2013년 대기업 신규 채용 계획을 보면 응답 기업의 40%가 채용 인원을 줄이겠다고 답했고 늘리겠다는 기업은 14%에 그쳤다.

경제 성장률도 부진하다. 1970년 이후 우리나라 고용 탄력성은 연평균 0.31을 기록했다. 이는 실질 국내총생산<sup>GDP</sup>이 1% 감소할 때 취업자 수가 0.31% 감소함을 의미한다. 즉, 2012년 취업자 수가 2468만 1000명이라는 걸 감안하면 실질 GDP 1% 하락 시 약 7만 6500명 줄어다.

특히 2012년 대학 졸업자 수가 48만 9000명인데 2013년 정부가 예상한 2.3%의 성장률로는 새로 창출되는 일자리가 17만 6000개밖에 되지 않는다. 결국 취업 시장에 대졸자만 있다고 가정해도 31만 명 이상이 취업에 어려움을 겪을 것이란 전망이다.

# 자녀에 대한 투자로서의 교육, 과연 옳은가? 그리고 행복한가?

### 자녀 교육을 든든한 노후 대비 투자로 생각하는 오류

"우리 아이가 왜 떨어졌나요? 토익 점수도 950점에 학점도 4점대로 최고인데!"

한 기업 인사 담당자는 인사 발표 후 한 어머니에게 시달린 이야기를 하며 몸서리를 쳤다. 합격한 학생과 자기 아이의 점수를 비교해 문서로 보내 주지 않으면 정식으로 고소하겠다는 협박까지 받았단다.

이런 어머니들은 학원 주변 사교육 정보를 모아 좋은 대학으로 보내는 '아카데미맘'에서 출발했는데 자녀가 대학에 가면 학점 항의를 하고, 취업을 하면 부서를 바꿔 달라고 항의한다. 시시콜콜 하나하나 자녀 주변을 끊임없이 맴돌며 간섭하는 이런 엄마들은 엄청난 자녀 교육비도 아까워하지 않는다. 자녀 교육을 일종의 '투자'라고 생각하기 때문이다.

자녀 교육을 투자라고 생각하는 사고방식은 과연 옳은가? 이런 사고방식이 야기할 문제점은 크게 두 가지로 나타날 수 있다.

첫 번째는 보상 심리와 현실과의 괴리감이다. 부모로서는 '내가 어떻게 키웠는데'라고 서운해 하지만 빡빡한 기득권층 틈바구니에서 스스로 입지를 개척해야 하는 자녀 입장에서 부모의 부양은 부담일 수밖에 없다. 특히 부모의 주머니 사정이 나빠 노후 준비가 전혀 되어 있지 않다면 보상 심리는 더 크다.

또 다른 하나는 언제까지 '투자'를 해야 하느냐의 문제이다. 보통 부모들의 재정 지원은 길어야 대학까지라고 생각하지만, 불안정한 사회 구조로 인해 취업하고 결혼한 후에도 부모에게 경제·사회적으로 기대려 하는 '캥거루족'이 허다하다.

두 경우 모두 은퇴기에 직면한 부모가 노후 준비가 돼 있지 않다면 부모와 자식 모두에게 고통스런 결과를 안겨 줄 확률이 높아진다.

## 노후 준비와 자녀 교육이라는 두 마리 토끼 잡는 법

그렇다면 부모는 자녀들의 교육을 어떻게 해야 노후 준비와 자녀 교육이라는 두 마리 토끼를 잡을 수 있을까?

하나는 교육에 대한 사고방식을 바꾸는 방법이 있다. '알파맘'에서 '베타맘'으로 변신하는 것이다. 교육을 투자라고 생각하는 엄마들은 '알파맘'이라 불린다. 알파맘은 학원 선택부터 자기주도학습법까지 일일이 개입해 소위 자녀의 매니저 역할을 자처하는 경우다.

'베타맘'은 이와는 반대의 사고방식을 가진 사람들로 학원에 많이 보내지 않고 자녀의 자율성을 존중하며 조력자 역할만 한다.

누가 옳고 그른지 일률적으로 재단하기는 어렵지만 알파맘 엄마를 둔 자녀들 가운데서는 엄마의 교육 방식이 자신의 공부 방식과 맞지 않아 괴로워하는 경우도 꽤 있다. 이 경우 자녀를 스스로 공부하게끔 만들어 주고 줄어든 사교육비로 노후 준비를 하는 것이 합리적이다.

서울시 강서구 방화동에 사는 김학임 씨[52·가명]가 이런 경우에 해당한다. 학임 씨는 중학생 딸의 영어 단어 외우는 방식까지 간섭하던 알파맘 중 알파맘이었다.

그녀는 늦둥이 딸이 다른 친구들에게 뒤처지지 말라고 늘 학원 주변 카페에 찾아가 다른 아줌마들과 정보를 공유하며 습득한 공부 방식을 딸에게 주입시켰다. 유명하다는 선생님도 과목별로 붙여 줬다. 그런데 딸 성적이 늘 제자리였다. 아직 투자가 부족해서라고 생각한 학임 씨는 더 많은 돈을 교육비에 쏟아 부었다.

어느 날 딸이 한 달만 혼자 공부해 보겠다는 제안을 해왔다. '밑 빠진 독에 물 붓기' 처럼 돈이 빠져나가던 터여서 학임 씨도 속는 셈치고 딸의 제안을 수락했다.

딸은 스스로 친구들과 스터디를 만들고 밤늦게까지 공부했는데 한 달만에 반 등수가 2계단이나 상승했다. 다음 한 달도 딸은 친구들과 스터디를 이어 갔고 성적은 급속히 상승했다.

강서구의 한 입시 학원 실장은 '학생들과 상담을 하다 보면 어떤 학생은 스스로 하는 공부가 더 잘 맞는 경우도 있다'며 '이런 경우는 부모의 극성이 오히려 독이 된다'고 지적했다. 특히 '입시 제도가 수시로 변하는 한국과 같은 상황에서는 입시에 맞춰서 공부하는 것이 오히려 자녀 교육을 망칠 수도 있다'고 덧붙였다.

## 사교육 벗어나 가정이 주체가 되는 교육으로의 패러다임 전환

좀 더 큰 그림을 그려 본다면 사회적 분위기와 인식을 바꿔야 한다. 공교육을 바탕으로, 가정에서 학원에 돈을 대 주는 사교육을 벗어나 가정이 주체가 되는 교육 홈스쿨링이 되어야 한다.

그러기 위해서는 늦은 밤까지 직원들을 잡아 두는 기업의 회식 문화부터 우선 바뀌어야 한다.

가정이 주체가 돼 아빠와 엄마가 함께 자녀를 가르쳐야 한다. 미국 IT 거인들의 성공 스토리를 보면 이 거인들 자체가 아버지의 작품이라 할 정도로 아버지의 가정교육 영향이 컸다.

애플 공동 창업자 스티브 워즈니악은 항공기 제조사 록히드의 엔지니어였던 아버지에게 전자 부품 작동법을 배웠다. 페이스북의 창업자 마크 저커버그의 아버지는 치과의사였으나 자신의 취미였던 정보기술IT을 배우는 족족 자녀들에게 가르쳤다.

구글 공동 창업자 래리 페이지의 아버지는 아들에게 로보틱스 컨퍼런스를 보여 주기 위해, 미국 전역으로 어린 페이지를 데리고 다녔다.

최근 한국서 유행하는 스칸디식 교육법도 비슷한 취지다. 스웨덴과 핀란드, 덴마크, 노르웨이 등 스칸디나비아 반도에 속한 북유럽 국가들의 교육법은 저녁 6시만 되면 대부분의 상점이 문을 닫고 근무 시간도 하루 평균 8시간을 넘지 않는 사회적 분위기에 의해 만들어진 교육법이다. 엄마와 아빠는 자연스럽게 저녁 시간을 아이들과 보내며 교육하게 되고 직접적인 애정을 받고 자란 아이들은 더 높은 자존감과 성취감을 갖게 된다.

이런 아이들은 스스로 공부하는 방법을 어릴 때부터 터득해 습관화함으로써 큰 교육비를 들이지 않고도 사회에서 인정받는 인재로 성장하는 밑바탕이 된다.

자녀에 대한 애정이 남다른 한국 사회에서 지금 당장 교육비를 줄여 노후를 준비하라고 강제하는 것은 무리다. 하지만 서서히 패러다임 전환을 통해, 합리적 교육비 지출로 최대의 성과를 내는 방법을 모색해 간다면 바람직한 복지 사회로의 방향 전환과 노후 대비도 가능하지 않을까 싶다.

# 에듀푸어 벗어나, 스마트한 노후 준비하기

전 세계 156개국을 상대로 조사하는 전 세계 행복지수에서 늘 1, 2위를 다투는 덴마크와 노르웨이 등 북유럽 국가들의 행복감은 바로 여기서 온다. 이들의 사고방식은 공부가 여러 재능, 능력 가운데 하나일 뿐이라는 것이다. 또 직업에 대한 귀천 의식이 없어 계층간 이질감이 적다. 기술직이든 국회 의원이든 저마다 자산의 직업에 대한 자부심이 강하다. 또 하나는 바로 이런 의식이 밑바탕이 돼 안 정된 노후를 살 수 있는 기반이 마련돼 있다는 것이다.

# 교육비에 치중하던 소비 습관
# 노후 준비로 전환

## 한국형 일·학습 듀얼 시스템 도입이라는 획기적 전환

최근 교육부가 발표한 2012년 기준 대학 졸업자 취업률은 55%이다. 청년 실업자는 300만 명을 넘는다. 하지만 젊은 명장을 키우기 위해 설립된 마이스터고가 2013년 2월 배출한 첫 졸업생의 취업률은 90.3%다. 한국의 교육열은 버락 오바마 미국 대통령도 부러워하는 한강의 기적을 만들어 냈지만 학벌로 사람을 평가하는 사회적 분위기는 많은 부작용을 낳았다.

이에 박근혜정부는 주요 국정 과제로 '학력이 아닌 능력 중심 사회 만들기'를 내걸고 국가직무능력표준NCS 개발, 한국형 일·학습 듀얼 시스템 도입 등을 추진하고 있다.

NCS는 수백 가지 직업에 필요한 능력을 체계화해 교육 과정과 자격 제도를 현장 중심으로 개편하는 제도다. 한국형 일·학습 듀얼 시스템은 일주일에 1~2일은 학교에서 3~4일은 기업에서 실무를 배우는 독일의 듀얼 시스템과 같이 세계적으로 확산되고 있는 업무 기반 학습Work based learning 시스템을 한국의 실정에 맞게 설계해 보는 것이다.

이 두 가지 모두 '학벌 사회'에서 '능력 사회'로 전환하고 있다는 것을 보여 주는 좋은 제도다. 덕분에 좋은 대학에 가기 위한, 좋은 직업을 갖기 위한 관문에는 많은 변화가 일었다.

## 정부 차원의 스펙 초월 채용 방식 도입

공공기관이 우선 앞장서 '스펙'보다는 '능력' 중심 채용을 이끌고 있다. 정부는 최근 스펙 초월 채용 방식을 도입하라는 지침을 전체 공공기관에 내렸으며, 이에 각 기관들도 적극 검토하고 있다.

산업인력공단은 2013년 상반기 신입사원 채용 과정에서 공공기관으로는 처음으로 학력·영어 점수 등 소위 '스펙'을 보지 않고 직무 능력만을 평가하는 시스템을 도입해 신입사원을 뽑았다.

남동발전은 이름과 연락처 정도만 공개한 지원자들에게 온라인으로 4주간 주어진 미션을 수행하도록 한 후 신입사원을 채용했다.

'나의 비전' 등 주어진 주제를 사용자제작콘텐츠[UCC]나 그래픽으로 표현하도록 하는 색다른 과제였다. 분야별 내부 직원 50명과 20명의 외부 평가위원 등이 이를 심사했다. 이런 과정을 통해 1000명에 가까운 지원자 중 35명이 선발됐다.

## 민영 기업들도 스펙 초월한 채용 시작

2014년부터 민영 기업도 180여 군데나 '스펙'을 초월한 채용을 시작한다. 학교 분위기도 많이 달라졌다. 중학생들이 고등학교를 선택할 때부터 '직업'을 고려해 선택한다는 점이다.

특히 마이스터고 등은 취업률이 높아지면서 큰 인기를 끌어 경쟁률이

4:1을 넘는 상황이다.

'대학을 안 나오면 사회생활 못한다'는 인식이 강한 기존 한국 사회에 선 상상도 할 수 없었던 변화다.

## 북유럽 국가들의 행복감의 원인, 어디에서 오는가

이런 사회 인식의 변화는 자연스럽게 소득의 안정적 배분을 가져온다. 교육비에 치중했던 소비 습관을 바꿔 안정적 노후가 가능하게끔 하는 발판이 된다는 것이다. 또 부모에 의해 만들어졌던 스펙으로 사회에 진출하던 아이들이 스스로 만들어 가는 능력으로 사회에 진출하면서 자립심도 높아져 20대가 되자마자 노후를 준비하는 젊은이들도 생겨났다.

즉, 스스로 자신의 인생을 장기적 관점에서 설계해 나가는 것이다. 자연히 부모들은 남는 시간이 많아 여유로운 노후를 즐길 수 있는 시스템으로 바뀌게 된다.

전 세계 156개국을 상대로 조사하는 전 세계 행복지수에서 늘 1, 2위를 다투는 덴마크와 노르웨이 등 북유럽 국가들의 행복감은 바로 여기서 온다. 이들의 사고방식은 공부가 여러 재능, 능력 가운데 하나일 뿐이라는 것이다.

## 직업에 대한 귀천 의식 탈피

또 직업에 대한 귀천 의식이 없어 계층간 이질감이 적다. 기술직이든 국회의원이든 저마다 자산의 직업에 대한 자부심이 강하다. 또 하나는 바로 이런 의식이 밑바탕이 돼 안정된 노후를 살 수 있는 기반이 마련돼 있다는 것이다.

이번 장에서는 한국도 '행복한 노후'를 즐길 수 있는 스마트한 나라로 가기 위해 사회 각 분야에서 어떤 부분들이 바뀌어야 하는지 어떤 부분들이 먼저 바뀌고 있는지를 살펴보고자 한다.

# 새 정부의 교육 비전
## : '꿈과 끼를 키우는 행복 교육'

박근혜정부의 교육 정책 비전은 '꿈과 끼를 키우는 행복 교육'이다. 이는 입시 중심의 과열 경쟁에서 벗어나 우리 교육의 큰 흐름이 학생 개개인의 소질과 적성을 살리는 방향으로 전환되고 궁극적으로 학생, 학부모가 행복해질 수 있도록 돕는 것을 목표로 한다.

이를 실현하기 위한 세 가지 목표도 세워졌다. 첫째는 꿈과 끼를 키울 수 있는 '학교 교육 정상화', 둘째는 미래 인재 양성을 위한 '능력 중심 사회 기반 구축', 마지막으로 고른 교육 기회 보장을 위한 '교육비 부담 경감'이다. 목표 달성을 위한 과제도 대략적인 틀을 갖췄다.

가장 먼저 '학교 교육 정상화'를 위한 정책 과제로 '중학교 자유 학기제'가 핵심이다.

'자유 학기제'는 학생들에게 진로 탐색의 기회를 제공하고자 기획됐다. 중학교 3년 기간 중 한 학기를 중간, 기말 시험 없이 체험 중심 교육을 실시한다. 그동안의 주입식·암기식 교육 및 지필 평가에서 벗어나 오전에는 국어, 영어, 수학, 사회, 과학 등 기본 교과목 중심으로 체험·참여형 학습을 하고, 오후에는 진로 탐색 활동, 선택 프로그램 활동, 동아리 활동, 예술·체육 활동 등을 통해 자신이 좋아하고 잘할 수 있는 분야가 무엇인지 찾을 수 있게 한다. 이 기간 동안 중학생 국가 수준 학업 성취도 평가는 현재 5개 과목에서 3과목으로 줄인다. 2013년 9월부터 시범 학교를 지정해 운영 뒤 2016년에 전면 도입할 계획이다.

이외에도 '맞춤형 진로 설계 지원' '학교 체육 활성화' '학교 폭력 근절 예방 대책 강화' '교원 교육 전념 여건 조성' '대학 입학 전형 간소화' 등이 있다.

## 현황 분석

### ⅢⅠ 아이들은 무엇을 위해 공부하는가

OECD 국가들 중 수학·과학 성적 평가에서 1위를 차지하는 등 우리나라 청소년들의 높은 학업 성취도에 비해 행복감은 턱없이 낮다. OECD 23개국 청소년을 대상으로 한 청소년 행복지수 조사에서 우리나라는 23위로 꼴찌를 차지했다.

아울러 우리 아이들은 꿈도 없이 공부하고 있다. 한국고용정보원의 조사에 의하면 초등학생들의 장래 희망이 '없다'는 비율은 11%이지만, 중학생과 고등학생들은 각각 34%, 32%로 급증한다. 자신의 진로를 탐색하고 고민하는 시간과 계기가 부족해 장래 희망을 결정하지 못하고 있는 것이다.

## 박근혜정부의 학교 교육 정상화 방안

① **중학교 자유 학기제**

　중학교 3년 기간 중 1개 학기 중간·기말 시험 없이 체험 중심 교육 실시

　**추진 계획** : 2013년 연구 학교 시범 운영 후 2016년 전면 도입

② **학생 맞춤형 진로 설계 지원**

　맞춤형 진로 심리 검사, 진로 상담 지원

　2014년까지 모든 중·고교에 진로 교사 배치

③ **학교 체육 활성화**

　모든 학교에 체육 전담 교사 배치, 중·교교 스포츠 강사 증원 등

④ **학교 폭력 근절 예방 대책 강화**

　근원적 학교 폭력 발생 원인 해소 방안 수립

　학교 폭력 대책 성과 분석 후 현장 중심 학교 폭력 근절 방안 발표 예정

⑤ **교원 교육 전념 여건 조성**

　학급당 학생수, 교원 1인당 학생수 감축 등

⑥ **대학 입학 전형 간소화**

　수시는 학생부 또는 논술 위주, 정시는 수능 위주로 전형 요소 축소, 요소별 반영 비율 단순화

　　　　　　　　－ 2013년 하반기 '2015학년도 대학별 시행 계획 발표'

## 자유 학기제의 외국 사례

　||| 아일랜드–전환 학년제 / 영국–갭이어 / 덴마크–애프터스쿨

　우리나라 자유 학기제의 모델이 되고 있는 세 나라 사례의 공통된 특징

은 기존 학문 중심의 교육을 넘어 다양한 교육, 체험 활동을 통해 자신에 대한 성찰, 직업 탐색을 돕고 있다는 것이다. 또한 도입된 지 40년 이상의 기간을 거치면서 지속적으로 발전되어 온 것도 특징이다.

### ① 아일랜드 '전환 학년제Transition Year'

아일랜드는 초등교육 6년, 중등교육 5~6년, 대학 교육의 교육 과정으로 운영된다. 이중 전환 학년제는 중등 교육 과정 중에서 우리나라 중학교 과정에 해당하는 주니어 과정Junior Cycle, 3년과 고등학교에 해당하는 시니어 과정Senior Cycle, 2년 사이 1년 동안 운영되는 학교 교육 과정이다. 우리나라로 치면 고등학교 1학년 시기에 해당된다.

이 시기에 학생들은 필수 교과목뿐만 아니라 진로 개발, 직업 체험, 프로젝트 작업 등을 통해 자신의 진학 후 수업을 스스로 계획할 수 있다. 직업 체험, 야외 현장 학습, 사회 봉사 활동 등 50여 개의 특별 과목 중 원하는 과목을 선택할 수 있다.

### ② 영국 '갭이어Gap Year'

영국의 학제는 취학전 교육, 초등교육, 중등교육, 고등교육 과정으로 나뉜다. 갭이어는 주로 고등학교를 졸업하고 대학 입학 전 3~24개월 사이의 기간 동안 선택해 참여할 수 있다. 매년 2만 5000명의 학생들이 갭이어를 보내고 있다. 자신의 진로 개발을 위한 여행, 봉사 활동, 직업 체험, 스포츠 활동 등을 한다.

③ 덴마크 '애프터스쿨<sup>After School</sup>'

덴마크 교육 체제는 학령기 이전 교육, 기초 교육[1~9학년], 후기 중등교육, 고등교육으로 구성돼 있다. 기초 교육 9학년 후 10학년은 앞으로의 교육을 선택할 수 있는 기간으로 이 시기에 선택적으로 '애프터스쿨'에 진학하기도 한다.

애프터스쿨은 덴마크 전국에 260여 개가 있으며 모두 기숙학교 형태로 운영된다. 학교당 30명에서 500명의 학생이 다닌다. 주로 음악, 미술, 체육 등 체험 학습 위주로 진행되며 학교마다 교육 과정은 상이하다.


아일랜드에서는 아이들 10명 중 7명이 중학교 졸업 후 고교 진학 시 1년간 '전환 학년'을 택한다.

1년 동안 시험 부담에서 벗어나 미술, 목공, 요리 등 다양한 과목에서 실습하고 외부 기관으로 나가 체험도 한다.


## 능력 중심 사회 기반 구축 정책

두 번째 목표 '능력 중심 사회 기반 구축'을 위한 정책 과제로는 전문 인재 양성을 위한 국가직무능력표준[NCS] 구축 및 전문대학 집중 육성, 그리고 지방 대학 및 대학 지원 확대가 초점이다.

'국가직무능력표준[NCS]'이란 한 개인이 산업 현장에서 자신의 업무를 성공적으로 수행하기 위해 요구되는 직업 능력[지식, 기술, 태도]을 과학적이고 체계적으로 도출해 표준화한 것이다. 학력과 스펙이 아닌 직무 관련 능력을 바탕으로 교육이 이뤄지고 취업할 수 있도록 2014년까지 858종에 대한 기준을 만들 예정이다.

전문대학의 수업 규제를 완화해 1~4년제 대학까지 다양하게 운영될 수 있도록 하고, 일부 대학은 100% 실무형 교육 과정으로 운영하는 '평생 직업 능력 선도 대학'으로 전환해 성인 중심의 비학위 교육 과정을 운영한다. 또한 대학·학과별 특성화 강점 분야에 집중 투자하는 특성화 전문대 100개교를 육성하고, 전문 기술 보유자를 산업 분야 명장으로 키울 수 있는 산업기술명장대학원을 새로 만들 예정이다.

수도권 집중과 대학 입학 학생수 감소 등으로 어려워진 지방 대학을 위해 '지방대학육성법<sup>가칭</sup>' 제정도 추진된다. 지역 인재가 지방 대학에 진학해 졸업 후 지역 발전에 기여할 수 있도록 하기 위함이다. 여기에는 지방 대학 특성화 사업을 추진하는 한편, 지방대 특성화 분야 학생에 대한 전액 장학금 지원, 혁신 도시 등 지방 이전 공공기관의 지방대생 채용 우대 등 다양한 방안들을 지역 대학 육성 방안에 포함시킬 계획이다.

더불어 대학 경쟁력 강화를 위해 재정 지원도 확대된다. 2017년까지 정부 재정 지원 투자를 GDP 대비 1% 수준으로 확충하고 재정·회계 투명성 제고를 위한 지표를 개발하는 등 구조 개혁이 강화될 방침이다.

이밖에 마이스터고 활성화와 같은 '고교 직업 교육 강화' '100세 시대 국가 평생 학습 체제 구축'이 세부 과제다.

## 교육비 부담 경감 추진으로 가계 부담 줄이기

마지막으로 '교육비 부담 경감'을 추진하기 위해서는 방과 후 돌봄 서비스 확대, 교육비 걱정 없는 유·초·중등교육 실현, 고등학교 무상 교육 도입, 대학 교육비 부담 경감 등 전체적인 학령별 지원이 강화된다. 장애·다문화·탈북 학생 등 취약 계층을 위한 교육 지원도 강화한다. 특히 선행 학습 완화를 위한 '공교육 정상화 촉진 특별법'도 마련될 전망이다.

우선, 맞벌이 가정이나 저소득층 자녀 등 방과 후에도 돌봄이 필요한 학생들을 대상으로 유치원과 초등학교 돌봄 기능이 강화된다. 초등학교의 경우 2014년부터 연차적으로 오후 5시까지의 돌봄 프로그램을 전체 희망 학생에게 무상 제공하고 그 외 저소득층·맞벌이·한 부모 가정 자녀에게는 오후 10시까지 제공한다. 유치원 역시 현재[3~5시간] 누리 과정 운영 시간을 늘리고[점심시간 포함 5시간] 시간대별 서비스[아침, 방과 후, 저녁]를 제공한다. 이를 위한 사회적 기업 및 협동조합이 육성될 예정이며, 시군구 단위 부처별 사업도 꾸려진다.

또한 3~5세 유아 교육 지원이 확대된다. 2012년 만 5세 전 계층 월 20만 원, 만 3~4세 소득 하위 70% 각각 월 19만 7000원, 17만 7000원에서 순차적으로 늘려 2016년 월 30만 원 지원이 목표다. 사립 유치원 원비

## 교육비 부담 경감 정책 

① 방과 후 돌봄 서비스 확대
② 교육비 걱정 없는 유·초·중등교육 실현
③ 고등학교 무상 교육
④ 공교육 정상화 촉진 특별법
⑤ 장애·다문화·탈북 학생 등 교육 지원 강화

인상 상한제도 도입된다.

고등학교 무상 교육은 교육비 지원 사업 방안을 마련해 2014년부터 2017년까지 단계적으로 추진할 계획이다. 읍면·도서 벽지 재학생 및 도시 지역 저소득층 자녀, 그리고 신입생 순으로 차례로 적용된다.

대학 교육비 부담 경감 대책으로는 소득 수준에 따라 차등 지원되는 '맞춤형 반값 등록금'이 있다. 또한 학자금 대출 부담을 줄이기 위해서는 이자율을 물가 상승률 이하로 낮출 예정이며, 캠퍼스 내외 기숙사 건립, 중소기업 취업 촉진을 위한 '희망 사다리 장학금' 등이 지원된다.

## 공교육 정상화 촉진 강력 유도

또한 '공교육 정상화 촉진에 관한 특별법' 2013. 4. 30 강은희 의원 대표 발의은 공교육 체제 내에서 선행 교육 및 학습을 유발하는 평가를 금지하는 것을 주 내용으로 한다. 이를 통해 학생들의 학습 부담을 줄이겠다는 취지다.

우선 초·중·고교 정규 교육 과정 및 방과 후 교육 과정에서 선행 교육 및 선행 학습을 유발하는 평가를 금지한다. 입학 전형을 치르는 경우도 마찬가지다. 특히 대학 입학 전형에서 대학별 고사로 적성 검사·구술시험·논술시험·면접시험 등을 실시하는 경우 고교 교육 과정의 범위와 수준을 넘어서는 출제 및 평가를 하지 못하도록 하고 있다.

# 학력 아닌 실력 사회로의 패러다임 전환

## 장과 장인을 키우는 마이스터고 활성화 사례

### ● 강남구 일원동 '서울로봇고등학교'에 재학 중인 국송이 양[17]

송이 양은 방학식이 오기만을 손꼽아 기다린다. 대부분의 학생들이 모두 방학을 기다리는 것과 같은 마음일 수도 있지만 송이 양에게 이번 여름방학은 조금 더 특별하다. 방학이 시작하는 날부터 2주 동안 러시아로 가게 됐기 때문이다. 학교에서 러시아의 대학과 연계해 러시아 학생들, 교수들과 로봇에 대해 이야기를 나누고 서로의 정보를 교류하는 시간이 예정돼 있었다. 더 설레는 것은 자신보다 훨씬 나이가 많은 러시아 대학생들과 교수들에게 그동안 배웠던 로봇 기술을 가르쳐 주고, 설명하는 시간이 마련돼 있다는 것이었다. 태어나서 처음으로 러시아를 간다는 설렘과 자신이 배운 것을 한 번도 만난 적 없는 사람들에게 설명하고 전달

한다는 것, 누군가와 함께 나눌 수 있다는 것이 정말 기대된다.

### ● 송이 양과 같은 학교에 재학 중인 허동원 군[16]

동원 군은 요즘 중학 시절 친구들을 만날 때마다 묘한 기분을 느낀다. 당시에는 친구들과 다를 것 없이 학교에 갔다가 끝나면 학원에 가는 삶을 함께했지만 지금은 친구들과 전혀 다른 삶을 살고 있기 때문이다. 아침 8시부터 저녁 8시까지 학교에서 보내지만 동원 군의 '오후'는 조금 특별하다. 점심을 먹고 난 뒤 졸음이 밀려올 무렵, 동원 군네 학교에서는 3시간씩 연달아 로봇 실습수업이 진행된다. 중학교 때는 밀려오는 잠을 참지 못하고 꾸벅꾸벅 졸 때도 있었지만, 로봇고등학교에서는 상상도 할 수 없는 일이다. 최첨단 컴퓨터가 마련된 실습실에서 직접 로봇 설계를 하기도 하고, 전기회로를 연결하는 등 잠깐이라도 가만히 앉아 수업을 들을 수 없기 때문이다.

직접 몸으로 전문 기술을 배우다 보니 시간이 매우 빠르게 흘러간다. 실습수업을 마치면 외국계 기업을 다닐 수도 있기 때문에 그에 대비해 영어 자격증이나 회화 수업을 듣는다. 자신의 미래를 위해 준비해야 한다는 생각이 드니 누가 시키지 않아도 열심히 하고 싶고, 더 잘하고 싶은 마음이 든다. 중학교 때 친구들로부터 '학교 수업이 지겹다' '오늘은 학원 가기 싫다'라는 이야기를 들을 때마다, 동원 군은 자신이 로봇 학교를 선택한 것이 참 다행이라는 생각이 들었다.

광룡 군은 요즘 전문 동아리 활동을 열심히 하고 있다. 서울로봇고등학교에서는 크게 두 종류의 동아리가 운영되고 있다. 일반 인문계 고등학교에서처럼 다양한 체육 활동과 미술, 음악, 영화 등 문화 활동을 할 수 있는 동아리가 있고, 또 하나는 기업체와 연계해 운영되는 전문 동아리가 있다. 외부에서 협력 강사가 와서 로봇 산업 전반에 대해 설명해 주기도 하고, 로봇과 관련된 세계 대회를 같이 준비할 수도 있다. 또 기업에 직접 가서 현장을 체험해 볼 수 있는 기회도 제공된다.

어렸을 때부터 로봇 장난감을 좋아했었는데 초등학생이 되면서 로봇의 움직이는 원리와 다양한 종류에 관심이 가기 시작했다. 자연스럽게 진로도 로봇과 관련된 고등학교로 진학, 더 많은 것을 배우고 체험해 보고 싶었다. 학교에서 연계해 주는 전문 동아리를 통해 졸업 후 가고 싶은 기업들을 미리 경험해 보고 자신이 국내 회사와 외국계 회사 중 어떤 회사에 더 적합한지, 그 회사에 취직하기 위해서는 무엇이 필요한지 고민하고 준비할 수 있는 시간을 가질 수 있었다. 고3이 되어 허둥지둥 취업에 임박해 준비하는 것이 아니라 고등학교 1학년 때부터 전문 동아리를 통해 천천히, 자연스럽게 취업 준비를 할 수 있다는 점에 큰 만족감을 느꼈다.

## 국내 유일 로봇 특성화고 – 서울로봇고등학교

서울 강남구 일원동에 위치한 서울로봇고등학교는 전교생이 600명 남짓이다. 이 학교는 2011년 11월 로봇마이스터고로 지정된 곳으로 '국내 유일의 로봇고등학교' 다. 다른 특성화 고등학교에도 로봇 교육 과정을 이수하는 학과가 일부 개설되어 있지만, 로봇 특성화고처럼 전교생을 상대로 로봇 이론과 기술에 집중해 실습 중심으로 가르치는 곳은 드물다. 서울로봇고등학교는 오전에는 인문계 고등학교와 비슷하게 국어·수학·사회·국사 등 일반 교과목 수업을 수강하고, 오후에는 로봇 산업과 관련된 실습수업을 듣는다. 1학년 때는 전반적으로 로봇 산업과 관련된 수업을 듣고 2학년과 3학년 때는 지능형 홈로봇, e-로봇, 인테리어 로봇 등 다양한 로봇 관련 수업을 들으며 자신의 진로를 찾게 된다.

## 사교육 없이 미리 준비하는 마이스터고

로봇고등학교에 다니는 동안 학기 중에 사교육은 거의 불가능하다. 로봇고에 재학 중인 국송이 양은 '학교 수업이 8시 20분부터 시작돼 일반 교과 수업, 실습수업, 방과 후 수업까지 끝나고 나면 저녁 8시~9시가 훌쩍 넘는다'며 '사교육을 받을 수는 있겠지만 수업과 관련해서 필요한 부분은 대체로 학교에서 다양한 강좌를 통해 제공해 주고 있어 사교육을 받는 학생은 많지 않은 분위기'라고 말했다. 로봇고등학교 학생들은 '선취업 후진학' 제도로 운영되기 때문에 취업에 필요한 자격증이 많이 필요하다. 컴퓨터나 영어와 관련된 자격증이 대부분인 만큼 일반 학생들처럼 내신 관리를 하거나 수능 시험 준비를 위한 사교육은 필요하지 않다. 대신 토익이나 토플, 텝스 등 기업체에서 요구하는 점수를 맞추기 위해 영어 공부를 해야 한다. 학교에서는 방과 후 수업을 이용해서 학생들에게 필요한 교육을 제공한다. 원어민 선생님이나 외부 강사들이 학생들의 영어 자격증 시험을 도와준다.

서울로봇고등학교에 재학 중인 허동원 군과 현광룡 군은 이 학교의 최고 장점으로 학생들에게 '자율성'을 키워 주는 것을 꼽았다. 이들은 중학교 때까지만 하더라도 일반 학생들처럼 국어, 영어, 수학 공부를 하는 학원을 다녔다. 학교와 학원 모두에서 앉아서 받는 주입식 교육을 듣다 보니 좀 더 활동적으로 살고 싶은 생각이 들었다고 한다. 아직 어리지만, 어린 만큼 하고 싶은 일에 대한 열정도 많았고 앉아서 수업을 듣는 주입식 교육보다는 실습이 주가 되는 수업을 듣고 싶었는데 일반 인문계 고등학교에서는 그 열망을 실천하는 것이 굉장히 어렵다고 느껴졌다. 그래서 자신들에게 맞는 학교를 찾던 중 로봇고등학교를 알게 됐고, 학교 수업의 절반이 실습 중심의 수업인 것을 알고 선택하게 됐다고 한다.

현광룡 군은 '중학교 때의 삶과는 완전히 다른 삶을 살고 있다. 중학교 때는 학교 끝나면 학원에 가서 선생님이 일방적으로 시키는 것을 해야 되는 수동적인 삶을 살았다. 하지만 서울로봇고등학교에 오고 나서는 미래에 하고 싶은 일과 관련해서 어떤 자격증이 필요할지, 어떤 능력이 부족한지를 스스로 점검하고 그걸 채워 넣게 되면서 자발적으로 열심히 하게 됐다. 중학교 때는 학원을 다니는 것만으로도 약간 안심이 돼서 열심히 하지 않았지만…… 지금은 많이 다르다. '내가 스스로 나에게 필요한 것을 하지 않으면 내 미래를 준비할 수 없다는 절박함이 드니 열심히 하게 됐다'고 한다.

## 맹목적 대학 진학 아닌 자발적 실습수업의 장점

학생들은 이 학교를 다니면서 인생의 꿈을 '대학'이라는 맹목적 목적에 맞추지 않는 것도 큰 장점 중 하나로 꼽았다. 일반 고등학생들이 자신의 내신 등급에 대해 이야기하고, 자신이 무엇을 하고 싶은지, 앞으로 어른이 돼서 어떤 직업이 자신에게 맞는지를 생각하는 것이 아니라 내신 성적과 수능 성적에 맞춰 자신의 진로를 결정해 버리는 경우가 대부분이기 때문이다.

허동원 군은 중학교 친구들과 대화하다 보면 자신이 이야기하는 '꿈'과 친구들이 이야기하는 '꿈'이 다르다는 것을 많이 느꼈다고 한다. 동원 군은 지능형 로봇에 관심이 많고 나중에 홈로봇이나 사람을 돕는 로봇을 만들어 사회에 도움이 되는 사람이 되고 싶다는 꿈을 갖고 있다. 하지만 인문계 고등학교 친구들은 자신의 적성이나 어떻게 살고 싶은지를 생각하는 것이 아니라, 자신의 내신 성적으로 지원 가능한 학교와 학과가 어디인지를 알아보고 그것을 자신의 꿈이라고 얘기한다는 것이다. 허동원 군은 '자기만의 이루고 싶은 무엇인가가 있는 친구들이라면 서울로봇고등학교에 진학해 자신이 하고 싶은 것, 자신이 되고 싶은 인생의 꿈을 이룰 수 있을 것'이라 소신 있게 표현했다.

# 사교육 없이 대학 가자!

## : 기숙형 고등학교의 인기 비결

기숙형 공립고는 자율형 사립고, 마이스터고와 함께 이명박정부의 고교 다양화 300프로젝트의 핵심 정책이다. 기숙형 공립고 150개, 자율형 사립고 100개, 마이스터고 50개를 더해 총 300개 고등학교를 도입한다는 내용이다.

기숙형 공립고는 교내에 기숙사를 설립해 학교에서 생활하는 고등학교로, 외국의 보딩 스쿨<sup>기숙학교</sup>과 유사한 개념이다.

기숙형 공립고는 학교·지역 사회의 노력으로 학생·학부모에게 '질 높은 교육'을 제공하고자 만들어졌다. 또한 농어촌, 대도시 낙후 지역에 집중 설립해 지역별 교육 격차를 해소하는 것을 목적으로 한다.

기숙형 공립고를 통한 기대 효과는 상당히 많다. 우선 학생, 학부모들은 원거리 통학의 애로를 해소할 수 있다. 기숙사 수요 규모가 증가되므로 사교육비 절감 효과도 있다. 기숙사비는 학생의 가정 형편 등을 고려해 맞춤형 장학금으로도 지원된다. 경제적 빈부 격차에 따른 교육 수혜 차이로 인한 학생 개개인의 상대적 박탈감도 해소시킬 수 있다.

## 빈부 격차에 따른 교육 수혜 문제 해결······ 기숙형 공립고

학교나 지역 사회 입장에서는 지역 인재가 타지역 학교로 진학하는 것을 막을 수 있어, 인재 보호 차원에서 협조 체계를 갖출 수 있다는 장점이 있다. 학교는 교사 초빙제, 교장 공모제를 통해 우수 교원을 확보하고, 교육 과정 운영 및 학사 운영에 최대한의 자율성을 보장할 수 있도록 했다. 기숙사 내 다양한 방과 후·주말·방과 중 교육 프로그램을 운영할 수 있도록 하고, 기숙사 침대 선후배 멘토링, 기숙사 홈커밍데이 등을 운영해 과도한 입시 위주의 수업을 방지하고 학생들의 인성·사회성 함량에도 도움을 줄 수 있다.

2008년에는 군 지역의 일반계 공립고 위주로 82개교를 선정했으며, 2009년에는 도농복합도시 및 사립고까지 선정 범위를 확대해 68개교를 추가 지정했다. 정부는 2년간 5600여억 원을 지원해 학생 1만 7000여 명이 입사 가능한 기숙형 공립 고교를 세웠다.

<h1 style="text-align:center">기숙형 고교 선정 명단<sup>150개교</sup></h1>

| 시·도 | 기숙형 고교 명단<sup>지역</sup> | 학교수 |
|---|---|---|
| 부산 | 기장고<sup>기장</sup> | 1 |
| 대구 | 포산고<sup>달성</sup>, 다사고<sup>달성</sup> | 2 |
| 인천 | 강화고<sup>강화</sup>, 강화여고<sup>강화</sup>, 삼량고<sup>강화</sup> | 3 |
| 울산 | 남창고<sup>울주</sup> | 1 |
| 경기 | 여주여고<sup>여주</sup>, 양평고<sup>양평</sup>, 가평고<sup>가평</sup>, 전곡고<sup>연천</sup>, 백암고<sup>용인</sup>, 하성고<sup>김포</sup>, 오남고<sup>남양주</sup>, 봉일천고<sup>파주</sup>, 장호원고<sup>이천</sup>, 포천일고<sup>포천</sup>, 평택여고<sup>평택</sup>, 광주중앙고<sup>광주</sup>, 덕계고<sup>양주</sup>, 화성고<sup>화성</sup> | 14 |
| 강원 | 평창고<sup>평창</sup>, 양양고<sup>양양</sup>, 영월고<sup>영월</sup>, 정선고<sup>정선</sup>, 화천고<sup>화천</sup>, 양구여고<sup>양구</sup>, 양구고<sup>양구</sup>, 홍천고<sup>홍천</sup>, 홍천여고<sup>홍천</sup>, 서석고<sup>홍천</sup>, 횡성고<sup>횡성</sup>, 횡성여고<sup>횡성</sup>, 고성고<sup>고성</sup>, 인제고<sup>인제</sup>, 원통고<sup>인제</sup>, 철원고<sup>철원</sup>, 신철원고<sup>철원</sup>, 김화고<sup>철원</sup> | 18 |
| 충북 | 진천고<sup>진천</sup>, 단양고<sup>단양</sup>, 영동고<sup>영동</sup>, 괴산고<sup>괴산</sup>, 옥천고<sup>옥천</sup>, 음성고<sup>음성</sup>, 청원고<sup>청원</sup>, 제천여고<sup>제천</sup>, 제천제일고<sup>제천</sup>, 형석고<sup>증평</sup>, 보은고<sup>보은</sup>, 충주여고<sup>충주</sup>, 충원고<sup>충주</sup> | 13 |
| 충남 | 서천고<sup>서천</sup>, 서천여고<sup>서천</sup>, 홍성고<sup>홍성</sup>, 홍성여고<sup>홍성</sup>, 조치원고<sup>연기</sup>, 부여고<sup>부여</sup>, 당진고<sup>당진</sup>, 금산고<sup>금산</sup>, 금산여고<sup>금산</sup>, 예산여고<sup>예산</sup>, 태안고<sup>태안</sup>, 청양고<sup>청양</sup>, 정산고<sup>청양</sup>, 성환고<sup>천안</sup>, 공주고<sup>공주</sup>, 온양여고<sup>아산</sup>, 건양고<sup>논산</sup> | 17 |
| 전북 | 고창고<sup>고창</sup>, 장수고<sup>장수</sup>, 순창제일고<sup>순창</sup>, 부안고<sup>부안</sup>, 임실고<sup>임실</sup>, 진안제일고<sup>진안</sup>, 한별고<sup>완주</sup>, 무주고<sup>무주</sup>, 김제여고<sup>김제</sup>, 정읍고<sup>정읍</sup>, 호남고<sup>정읍</sup>, 남원고<sup>남원</sup>, 성원고<sup>남원</sup> | 13 |
| 전남 | 장흥고<sup>장흥</sup>, 화순고<sup>화순</sup>, 능주고<sup>화순</sup>, 구례고<sup>구례</sup>, 보성고<sup>보성</sup>, 벌교고<sup>보성</sup>, 강진고<sup>강진</sup>, 문향고<sup>장성</sup>, 해남고<sup>해남</sup>, 완도고<sup>완도</sup>, 고흥고<sup>고흥</sup>, 함평여고<sup>함평</sup>, 현경고<sup>무안</sup>, 도초고<sup>신안</sup>, 곡성고<sup>곡성</sup>, 영암고<sup>영암</sup>, 담양고<sup>담양</sup>, 영광고<sup>영광</sup>, 해룡고<sup>영광</sup>, 여수화양고<sup>여수</sup>, 나주고<sup>나주</sup>, 광양고<sup>광양</sup>, 진도고<sup>진도</sup> | 23 |

| 경북 | 울진고울진, 후포고울진, 예천여고예천, 군위고군위, 영해고영덕,<br>의성여고의성, 안계고의성, 약목고칠곡, 금천고청도,<br>청송고청송, 영양고영양, 성주고성주, 봉화고봉화, 구미여고구미,<br>선산고구미, 영주고영주, 영주여고영주, 경주여고경주,<br>김천여고김천, 김천중앙고김천, 영천고영천, 영천여고영천,<br>상지여고상주, 문창고문경, 점촌고문경 | 25 |
|---|---|---|
| 경남 | 함양고함양, 고성중앙고고성, 고성고고성, 남해제일고남해,<br>거창여고거창, 산청고산청, 영산고창녕, 합천고합천,<br>의령고의령, 하동고하동, 함안고함안, 진해고진해,<br>김해대청고김해, 거제옥포고거제, 창원대산고창원,<br>진주외국어고진주, 용남고사천, 충렬여고통영, 삼랑진고밀양,<br>효암고양산 | 20 |
| 계 | | 150 |

* 진한 글씨는 2008년 선정 학교

2013년 초 교육과학기술부는 2012 전국 기숙형 고교 운영 성과 평가에서 최우수학교, 우수학교, 장려학교 등을 선정했다.

교육 목표와 교육 경영, 교육 과정 운영, 기숙사 운영 관리, 교육 성과와 만족도 등 4대 영역 18개 평가 지표를 만들어 자체 서면 평가, 현장 실사 평가를 거쳐 최종 선정됐다.

전국 10개교에만 주어지는 최우수학교의 영예는 대구 포산고, 경기 하성고, 강원 철원고, 충북 제천여고, 충남 서천고, 전북 호남고, 전남 영암고, 완도고, 경북 상지여고, 경남 함안고에 돌아갔다.

시·도별로 볼 때 경남이 우수학교로 12개교가 선정돼 전국 최다 선정 학교수를 기록하는 영광을 안았다.

최우수학교로 선정된 학교 중에서 '학력과 인성이 조화된 인재 양성'
에 기여했다는 평가를 받은 경북 상주 상지여고의 '들숨날숨 프로그램'
를 소개하고자 한다.

## 학력 · 인성 모두를 교육시키는 상지여고의 '들숨날숨 프로그램'

상지여자고등학교는 1959년 성경강습소로 시작해 1961년 성모고등공
민학교, 1972년 상지여자상업고등학교를 거쳐 1984년 상지여자종합고
등학교, 2003년 현 상지여자고등학교로 거듭났다. 2006년부터 현재까지
상지여고에는 보통과 3학급, 디지털정보과 2학급, 웹디자인학과 1학급
으로 인문 · 실업계 고등학생들이 함께 어우러져 있다.

상지여고는 2009년 기숙형 고등학교로 지정된 이후 2011년에는 기숙
사 '백합관'을 준공했다. 이후 상지여고에서 추진하고 있는 '들숨날숨
프로그램'은 '인간은 들숨, 날숨이 조화롭게 이루어져야 생명이 이어진
다'는 의미를 교육 현장에 적용한 것이다. 즉, 학력과 인성 · 체력을 골고
루 발달시킬 수 있는 전인 교육을 실시한다.

이 프로그램은 학습을 위한 들숨 프로그램, 체력·인성 교육을 위한 날
숨 프로그램으로 나눠진다. 특히, 들숨 학습 프로그램은 전문계·인문계
학생들의 필요에 맞게 구성됐다.

인문계 학생들에게는 영어·수학 위주로 기숙사 야간 특강을 실시하며
전문계 학생들은 매주 수요일 오후 7시부터 2시간 동안 워드프로세스,
컴퓨터활용능력, 전산회계, 포토샵 등 '컴퓨터 4강'을 수강할 수 있다.
또한 학생들의 자기주도학습을 위해 학교 교사들이 전면에 나서 열정적

으로 지도하고 있다.

날숨 프로그램의 핵심은 세븐헬스 seven-health 프로그램을 중심으로 하는 신체 활동과 다양한 창의 · 인성 교육 활동이다. 기숙사에서 학업 외에도 다양한 스펙을 쌓도록 도와준다.

기숙사생들을 대상으로 진행되는 세븐헬스 프로그램은 매주 화요일 저녁 7시부터 9시까지 7개 배드민턴, 국궁, 스포츠클라이밍, 스포츠와 다이어트, 방송댄스, 탁구, 태권도 건강 동아리를 운영하는 것을 말한다. 이들 동아리는 스포츠클럽으로 등록돼 관리되며 연말에 박람회도 진행한다.

창의 · 인성 교육은 농촌 봉사 활동, 교외 봉사 활동, 체험 활동, 진로 탐색 활동 등으로 다양하게 꾸려진다. 꽃동네, 문경병원 등을 방문하는

상지여고 2013학년도 기숙형고 봉사 · 체험 활동 계획안

| 구 분 | 내 용 | 장 소 |
| --- | --- | --- |
| 체험 활동 | 진로 지도 | 상지여고 |
|  | 한국 선비 문화 수련 | 영주 선비촌 |
|  | 등반대회 극기 | 속리산 문장대 |
|  | 진로 탐색 도서 구입 | 교보문고 광화문점 |
|  | 문학 기행 | 토지문화관 |
|  | 재능 기부 | 상지여고 다사랑아동복지센터 아동 초청 |
|  | 전통 문화 체험 | 함창향교 여성유도회 |
| 봉사 활동 | 지체 시설 방문 | 사랑마을 예천 용궁 |
|  | 양로원 방문 | 효도마을 문경 농암 |
|  | 농촌 봉사 활동 | 상주시 이안면 소암리 |
|  | 희망 세상 2회 | 상주시 사벌면 |
|  | 양로원 방문 | 효도마을 문경 농암 |
|  | 지체 시설 방문 | 함창향교 여성유도회 |

교외 봉사와 선비 문화 수련, 문화관 방문 등의 체험 활동은 각각 연 7회씩 실시된다. 일반계 학생들은 자매결연을 맺은 상주시 이안면 소암리 마을로 봄, 가을 1년에 2회 농촌 봉사 활동을 떠난다.

이외에도 학생들의 자발적 동아리 활동, 진로 탐색 활동, 대학 탐방을 위해 활동비를 지원해 준다. 활동 계획서를 홈페이지에 제출해 승인되면 20만 원 이상의 금액을 받을 수 있다. 학급 단위 활동 역시 같은 방식으로 60만 원의 기숙형 프로그램비가 지원된다.

학생들의 자율성 향상에 도움을 주는 기숙사 자치 프로그램도 운영된다. 기숙사생들의 단합을 도모하는 '기숙사의 밤'은 기숙사생들의 장기 자랑과 간단한 체육대회로 꾸려진다. 학생들은 월 1회 넷째 주 일요일 밤에 진행되는 기숙사 자치회를 통해 기숙사 내에서 진행되는 행사 등에 대한 의견 조율을 하며 성장해 간다.

상지여고 기숙사 책임 담당 교사는 '우리 학생들은 사교육을 전혀 받지 않는다' 며 '상지여고는 시골에서 교육 혜택을 받지 못하는 아이들에게 '들숨날숨 프로그램' 등과 같은 노력으로 지·덕·체가 조화된 아이들로 키워 낼 수 있는 바람직한 공교육의 방향을 제시해 준다' 고 말했다.

# 하나고등학교

## : 기숙학교 시스템, 이튼스쿨 모델화한 자립형 사립고

### 7월의 마지막 날, 집 대신 학교를 선택한 이유

7월 셋째 주는 전국의 고등학생들이 대부분 방학을 맞아 학교를 떠나는 시기다. 하지만 서울 은평구에 위치한 하나고등학교에는 아직 방학이 찾아오지 않은 것처럼 보였다. 학교 체육복을 입고 복도를 돌아다니는 학생들, 도서관에 빼곡히 들어찬 학생들, 머리를 맞대고 프로젝트를 구상하고 있는 학생들 등 학기 중과 별다를 것 없이 학교가 북적였다.

이번 해에 입학해 처음 여름방학을 맞은 임수경 양[17]은 이번 여름방학, 집에 돌아가는 대신 학교에 남는 것을 선택했다. 하나고등학교는 기숙학교이므로 한 달에 한 번 집에 다녀오는 것 말고는 외출이 어렵다. 방학 때는 집으로 돌아가거나 학교에 남을 수 있는데 대부분의 친구들이 학교에 남는 걸 선택한다. 수경 양이 집 대신 학교를 선택한 이유는 간단했다.

'집보다 학교가 더 편해서'이다. 집으로 돌아가면 독서실, 학원, 끼니를 챙겨야 하는 등 신경 써야 할 것이 많다.

하지만 하나고등학교에서는 이 모든 것이 한번에 해결된다. 도서관과 독서실 등 공부할 수 있는 공간이 언제나 학생들에게 개방돼 있고 방학 중에도 특강이나 방과 후 수업 등으로 원하는 과목을 학원처럼 들을 수 있다. 방학임에도 급식이 제공돼 균형 잡힌 식단으로 규칙적인 식사를 할 수 있는 것도 학교에 남는 이유 중 하나다. 방학 동안 집에 있으면 부모님이 매 끼니를 챙겨 주는 것도 힘들뿐더러, 학원이나 독서실에 있으면 점심을 사먹어야 하는데 학교에서처럼 제대로 된 밥 한 끼를 먹기보다는 분식이나 편의점 등에서 사먹어야 하기 때문이다.

원한다면 방학 동안 학교에 남아 동아리를 통해 다양한 활동을 할 수 있고, 학교와 연계된 외부 기관 인턴제를 통해 색다른 경험을 쌓을 수도 있다. 이렇듯 학교에 머무는 시간이 그 어느 때보다 편하고, 학기 중과 비슷한 페이스를 유지하는 것이 좋을 것 같다는 생각에 방학 동안에도 학교에 머무는 것이다.

### ● 중학교 때보다 체력이 훨씬 좋아진 지현 양

지현 양은 중학교 때보다 훨씬 적게 잠을 자지만 그때보다 피곤함을 덜 느낀다. 하나고등학교 입학한 뒤 하루에 1시간 30분씩은 꼭 운동을 한 덕분이다. 하나고등학교에서는 '1인 2기'라는 제도가 있어서 예체능과 관련된 수업을 한 학기에 2개씩 반드시 수강해야 한다. 초등학교, 중학교 때는 운동을 거의 하지 않았지만 하나고에 입학한 뒤에는 1인 2기 제도 때문에 의무적으로 정해진 시간에 반드시 운동을 해야 했다. 지현 양은 필라테스와 배드민턴 등 기초적인 운동부터 시작했다. 아침 8시부터 공부를 시작하기 때문에 점심을 먹은 뒤 2~3시쯤 되면 피곤하기도 하고, 좀 쉬고 싶다는 생각이 드는데 그럴 때 운동을 한다. 계속 수업을 듣는다면 지치기도 하고 집중도 잘 안 되는데 수업을 듣다가 운동을 하면 기분 전환도 되고 방과 후 수업 시간에 집중도 더 잘됐다. 이렇게 매일 규칙적으로 운동을 하다 보니 컨디션도 좋아지고 아침에 일어날 때도 몸이 훨씬 가볍고 개운하다.

하나고등학교의 인재 교육 방침은 '체덕지'로 건강한 체력을 먼저 만든 뒤 그 위에 덕성과 지성을 쌓아야 한다는 것이다. 필라테스, 요가, 테니스, 축구, 농구 등 체력을 기를 수 있는 다양한 수업이 마련돼 있고 졸업 전에는 전교생이 반드시 수영을 배워야만 한다. 지현 양은 이러한 체육 수업을 통해 공부로 인한 스트레스도 긍정적으로 풀 수 있게 됐고, 앞으로도 운동하는 습관을 꾸준히 가지며 살아야겠다는 결심을 했다.

### ● '국제학술심포지엄'에 참여, 국제기구서 일하고 싶다는 미래 양

매년 여름마다 개최하는 하나고등학교의 국제학술 심포지엄에서는 지구 온난화 등 '기후 변화'를 주제로 학생들이 문제를 분석하고 창의적 해결책을 제시한다. 미래 양은 이번 여름방학 동안 마음에 맞는 선배들과 함께 심포지엄에 참여해 하나의 주제로 소논문을 작성하고 많은 학생들 앞에서 발표하는 기회를 가졌다. 이 심포지엄에는 하나고 학생뿐만 아니라 중국·일본·타이·싱가포르·홍콩 등 각국의 고등학교에서 온 학생들도 참여해서 기후 변화에 대한 다양한 관점의 해결책을 들을 수 있었다.

미래 양은 이번 심포지엄을 통해 국제기구에서 인류의 공익과 관련된 일을 논의하고 싶다는 꿈을 더욱 확고히 갖게 됐다. 하나고등학교에서는 심포지엄 외에도 자신의 진로와 관련해 생각하고 경험할 수 있는 다양한 기회가 열려 있다. 여름방학 동안 대학교 연구실에서 대학생들과 함께 실험하면서 자기가 가고 싶은 전공과 관련된 일을 미리 체험해 보는 선배도 있고, 방송에 관심이 많은 선배는 KBS에서 방학 동안 인턴으로 일을 하기도 한다.

하나고등학교에서 학생을 연결해 주는 경우도 있지만 대부분은 자신이 원하는 인턴직에 대해 직접 알아본 뒤 보고서를 작성해 학교에 제출하면 학교에서 외부 기관에 연락을 취해 준다. 인턴을 원하는 학생이 모든 것을 스스로 알아서 준비해야 하는 시스템이기 때문에 학생들은 자기가 하고 싶은 일을 할 수 있는 회사나 기관에 대해 적극적으로 알아보게 된다. 그 과정 속에서 진로에 대해 심도 깊게 생각해 보게 되고, 어떤 일을 할 때 성취감을 느끼고 재미를 느끼는지 자신에 대해 사색하는 시간을 갖는다. 대학 학과를 선택하는 데 있어서도 고등학교 때의 내신과 수능 성적으로 선택하는 것이 아니라, 이러한 시간을 충분히 갖고 자신의 성향과 미래에 하고 싶은 일을 고려해서 자신에게 잘 맞는 학과로 진학하는 것이다.


## 하나고등학교는 왜 영국의 '이튼칼리지'를 표방했나?

세계적인 명문 고등학교로 알려진 영국의 이튼칼리지 Eton College, 국내에서는 이

. 이튼칼리지는 영국의 정치인과 기업인 자녀들이 가장 많이 재학 중이며, 지금까지 영국 총리를 20명 가까이나 배출하는 등 세계적 리더를 양성하고 있다. 이튼칼리지는 '엘리트'를 배출하는 데 목적을 두되 이기주의에 빠지는 '엘리트주의'는 배제하는 것으로 유명하다. 학생들이 습득한 지식을 올바르게 사용할 수 있도록 자긍심을 키워 주되 다른 사람을 배려하지 않는 엘리트주의에 빠지지 않도록 인성 교육을 철저히 하는 것이다.

이튼칼리지는 학생들의 올바른 인성 함양을 위해 '체력' 기르는 것을 중시하며, 전원 기숙사 생활을 통해 공동체 의식을 고양시킨다. 19세기 말부터 학교에 스포츠 수업을 도입한 뒤 하루에 한 번, 공휴일에 두 번 축구 경기를 하지 않는 학생은 벌금을 내는 것은 물론, 매까지 맞는다는 공문을 학교에 붙이기도 했을 정도로 체력을 중시했다. 지금도 이튼칼리지에서는 추운 겨울에도 학생들이 진흙탕에서 레슬링을 할 정도로 체육 수업이 중요하게 여겨진다.

이에 반해, 우리나라의 일반 고등학교 대부분은 '대학 진학'을 이유로 학년이 올라갈수록 체육과 예술 수업 비중을 줄이고, 지식 습득 위주로 커리큘럼이 짜여 있다. 이런 풍토 속에 '건강한 신체에 건강한 정신이 깃든다'는 말처럼 하나고등학교는 학생들을 단순히 명문대학교에 진학시키는 것이 목표가 아니라, 훌륭한 인격과 인성을 갖춘 사람으로 길러내기 위해 이튼칼리지의 '체·덕·지'를 중심으로 한 커리큘럼을 도입했다.

따라서 하나고등학교 학생들은 매 학기마다 한 가지 운동과 한 가지 예능, 즉 미술이나 악기 연주 수업을 무조건 이수해야만 한다. 하나고에서는 이를 '1인 2기' 활동, 또는 체덕지 활동이라고 부른다. 하나고에서는 월요일~목요일 8, 9교시에 전교생이 무조건 체육과 예술 활동을 해야 한다. 체육 수업 11개, 음악 수업 24개, 미술 수업 6개 등 다양한 강좌가 운영되고 있다. 그 결과 첫 졸업생을 배출한 2013년에는 서울대 46명, 고려대 42명, 연세대 19명, 카이스트 20명 등 절반 이상이 명문대에 합격했다.

하나고등학교는 세계 무대에서 경쟁력을 가진 리더가 되기 위해서는 체력과 덕성을 가장 우선시해야 한다고 강조한다. 뿐만 아니라 전원 기숙사 생활을 통해 배려심과 협동심을 배우며, 타인을 이해하고 함께 어울려 사는 법을 배운다. 게다가 기숙사 생활을 통해 사교육을 받을 수 있는 기회를 전면 차단하고 스스로 자신이 모르는 것에 대한 해답을 찾아가는 훈련을 통해 진정한 의미의 교육을 실현하고 터득하는 것을 목표로 하고 있다.

# 점수 아닌 실력으로
# 평가받는 노동 시장 트렌드

최근 인력 시장에서는 학력이나 점수보다는 실제 업무 능력을 보고 사람을 뽑는 트렌드가 생기고 있다. 1차 서류 전형에서도 점수로 지원자를 쉽게 거르지 않고, 최대한 많은 인원을 자체 시험이나 면접을 보게 한다.

토익 점수보다는 직접 원어민을 다른 지원자들 사이의 영어 토론에 투입시켜 회화 능력을 살펴본다. 또 단순한 논술 능력보다는 문제를 던져주고 집단 프로젝트 회의 과정을 지켜보기도 한다. 1박 2일 캠프에서의 태도를 보고 인성을 평가하기도 한다. 또 자기소개서에 '저는 친화력이 있어 낯선 사람들을 잘 대하고 설득을 잘합니다' 라는 말 대신 직접 거리에 나가 사람들을 대상으로 특정 미션을 수행하게 한다. 더 이상 이력서란의 성적은 큰 의미를 갖지 않는다.

이제 취업을 위해 도서관에 처박혀 점수를 올리고, 학점에만 몰두하는 대학생을 기업에서 선호하지 않기 때문이다. '직무능력평가'라는 테스트도 등장했다. 각 회사가 자신들이 원하는 타입의 테스트를 마련해 자신들의 직원을 직접 뽑겠다는 것이다. 그러나 일각에서는 구직자들이 이 테스트에 통과하기 위해 또 다른 교재를 사서 공부를 하니 또 하나의 입시가 되고 있다며 부작용을 지적하기도 한다.

직무 능력의 진정한 의미는 학력이나 특정 점수가 아닌 진정으로 회사에서 활용되는 능력치가 얼마나 되는가를 평가해 인재를 뽑는 시스템을 말한다.

## 기업 채용 방식도 오디션화

최근에는 가수, 댄서, 아나운서, 연기자를 뽑는 오디션 프로그램 열풍을 타고 기업의 사원 채용도 오디션 형태로 만들어지기도 한다.

2012년 방송된 tvN의 〈슈퍼챌린저코리아〉는 스탠다드차타드은행 정규 입사를 위한 청년들의 도전 과정을 담은 인재 양성 프로그램이다.

학벌·성별·연령·국적 불문 누구나 슈퍼 챌린저가 될 수 있는 자격을 가지며 총 3차에 걸친 예선을 통과한 18세부터 37세까지 16인의 후보들은 국내외에서 미션을 수행하며 스스로 가능성을 발견하고 자신의 경력으로 만든다. 이들은 결승까지 오르기 위해 세분화된 총 8개의 미션을 수행한다.

이 프로그램에서는 어떤 상황에서도 웃음을 잃지 않는 스마일맨 박윤서 씨가 최종 우승했다. 박씨는 우승 후 인터뷰에서 학창 시절 아버지의 회사 부도, 어머니의 병사, 누나의 공황 장애 등 경제적 어려움과 수많은 역경을 겪었지만 언제나 긍정적인 마인드로 이를 극복해 왔다고 말해 시청자들에게 큰 감동을 선사했다.

이처럼 예전과는 다른 취업 트렌드에 학부모들과 학생들 모두 민감해져야 할 필요가 있다. 예전의 낡은 사고방식으로는 기업들이 원하는 인재로 선택받기가 힘들다.


### 학력 타파 시대……고졸·초대졸에게 넓어진 문

최근 학력 타파 분위기를 타고 고졸이나 초대졸에게 취업의 문이 넓어지고 있다. 대졸보다 고졸이 오히려 취업에 유리하다며 '고졸시대'라는 말도 유행처럼 번지고 있다.

정부 방침으로 특성화 고등학교나 마이스터고 학생들의 취업이 훨씬 쉬워지고 있다. 그들을 입사시키면 정부에서 기업 측에 혜택을 주기도 한다.

한국수력원자력은 공기업 최초로 전국 마이스터고 2학년 학생 202명을 선발한 후 2011년 9월에 인턴 과정을 거쳐 190명을 최종 채용했다. 2012년에도 마이스터고 2학년 학생 151명을 선발해 현재 인턴 과정 중에 있다.

이렇듯 한수원은 2011년 이후 공기업으로는 최대 규모의 고졸 신입사원 490명을 채용해 교육과학기술부가 선정한 '위풍당당 신고졸시대' 상을 수상한 바 있다.

고졸, 초대졸 인력의 취업을 돕는 박람회도 곳곳에서 열리고 있다. 6월 9~10일 경기 일산 킨텍스에서 열린 교육부·중소기업청이 공동 주최하는 국내 최대 고졸 채용 박람회인 '2013 고졸 인재 잡콘서트'를 들여다보자.

은행권은 2011년 15년 만에 선발한 고졸 행원들이 입사 2년 만에 두각을 드러낸 결과를 바탕으로, 이번의 잡콘서트를 통해 고졸 인재를 입도 선매하기 위한 경쟁에 나섰다.

2013년 상반기 국내 은행 가운데 가장 많은 인원인 130명을 고졸 정규직 행원으로 채용한 우리은행도 잡콘서트에서 현장 채용을 다시 진행한다. 이종건 우리은행 채용팀 과장은 '잡콘서트에서는 전국의 고졸 인재들을 한꺼번에 볼 수 있다는 점이 매력적'이라고 한다.

2013년 하반기 고졸 행원 100명을 채용할 예정인 농협은행도 이번 잡콘서트를 통해 고졸 인재들을 선점하기 위해 나섰다. 신충식 농협은행장이 직접 참가해 고졸 인재들과 채용 상담을 진행했다.

주요 대기업과 공기업, 중소기업 등도 잡콘서트에 대거 참여해 다양한 취업 정보를 제공했다. 대기업으로는 삼성전자, 현대자동차, SK, LG 등 47곳이 참여하고 공기업 가운데는 한국전력과 한국수력원자력 등 9곳이 참여했다.

주성엔지니어링, 아웃백스테이크 등 중견 기업과 벤처 기업 15군데도 고졸 인재 채용에 나선다. 정윤 한전 인사팀 차장은 '기능사 등 자격증을 취득한 인재는 현장에 바로 투입 가능하기 때문에 상담에서도 유리할 것'이라고 말했다.

삼성전자 협력 업체인 세종머티리얼즈의 이연구 차장은 '스펙보다 회사에 대한 열정을 가진 인재들을 선발할 것'이라고 강조했다.

은행과 기업들이 고졸 인재 선점 경쟁에 나선 것은 업무 능력의 차이가 학력이 아닌 열정과 의지 때문이라는 점을 확인해서이다. 기업은행의 고졸 행원인 최승현[20] 반월공단지점 계장이 대표적 사례다. 그는 지난해 9월 입행한 지 1년여 만에 스마트뱅킹 유치 실적에서 전국 1위를 기록했다.

이상엽 대우조선해양 인재육성그룹 부장은 '고졸 직원들은 일을 배우려는 자세가 매우 열정적'이라며 '기존 직원들에게 자극이 되고 있다'고 말했다.

## 오직 실력으로 평가되는 사회로의 전환

언론에 눈을 돌려도 실력을 가진 구직자들이 학력과 관계없이 승승장구하는 것을 쉽게 찾아볼 수 있다. KBS 한국방송에서는 〈스카우트〉라는 프로그램을 통해 특성화 고등학교 학생들의 기업체 입사 과정을 서바이벌식으로 꾸려 방송하고 있다. 이 프로그램은 특성화 고등학교의 발전과 청소년들의 실질적인 취업 기회 확장을 위해 약 630여 개의 특성화고등학교에서 각 학교에 맞는 주제를 선정해 경합을 벌이게 한 후, 최종 1인에게 장학금 혜택 및 희망 기업에 입사할 기회를 주고 있다.

특성화계 학생들이 졸업과 동시 기업에 정규직으로 취직함으로써 학력의 벽을 넘어 오로지 실력만으로 능력을 인정받을 수 있는 사회를 만드는 데 일조하고 있다. 이제껏 〈스카우트〉에 출연한 기업은 무림제지, 유닉스전자, 롯데호텔 등 학생들이 선호하는 꿈의 기업들이 많았다. 기업들에게는 인재 채용의 좋은 예를, 또 실력 있는 학생들에게는 희망이 되고 있다.

더 이상 '고졸·초대졸'이라며 학력 사회 탓을 하고 앉아 있을 수 없게 됐다. 이참에 그저 좋은 학교에 가기 위해 사교육에 목을 맬 필요가 있는지도 생각해 봐야 한다.

# 07

## 변화하는
## 채용 트렌드

— **장래섭**(인크루트 브랜드커뮤니케이션 팀장)

### 편리함 위해 채택됐던 스펙 채용, 의미 옅어져

국내에 온라인 리크루팅 시스템이 도입된 후 구직자의 입사 지원이 쉬워지면서 과거에 비해 입사 지원 횟수가 급속도로 증가했다. 이런 편리함 때문에 폭발적인 입사 지원 현상이 벌어지자 기업들은 자신들에 맞는 인재를 선별하기 위해 더 많은 시간과 비용을 소요하게 되는 문제점을 낳게 되었다. 이에 따라 정량적인 선발 시스템을 구축하기 위해 등장한 것이 '스펙'이었다.

불과 몇 년 전까지만 해도 고스펙의 지원자가 우대받는 시대였지만, 지금은 단순히 스펙이 아닌 구직자의 실무 역량, 적성, 기업 적합도를 면밀하게 분석해 채용하려는 경향을 보이고 있다.

즉, 스펙을 보지 않고 자기소개서만으로 채용하는 기업, 사전에 미션을 전달해 주고 이를 수행하는 과정을 거쳐 채용하는 기업 등 다양한 채용 전형이 도입되고 있는 것이 최근의 취업 트렌드다.

### 구직자와 인사 담당자의 동상이몽?

인크루트가 최근 조사한 바에 따르면 인사 담당자들이 중요시하는 스펙은 '인턴 경험' 또는 '경력에 도움이 되는 아르바이트 경험'이었다.

이와 달리 학생들은 '어학' '자격증' 등을 쌓아야 하는 스펙의 상위에 올려놓았다. 실무적인 경험을 중요하게 생각하는 기업의 요구에 구직자들의 의식이 아직 쫓아가지 못하고 있는 것으로 볼 수 있다.

### 고스펙 인재가 회사 충성도 높다는 보장 없어

과거에는 그랬을지 몰라도 최근에는 출신 학교조차 중요하게 생각하지 않는 기업들이 늘고 있다. 일부 기업은 서류 전형에서 학교 입력란을 삭제하고 면접을 진행하는 경우도 있다. 신입사원 한 명을 채용하기 위해 기업에서 투자하는 비용과 시간은 엄청나다. 특히 학교 등 스펙 좋은 구직자의 충성도가 반드시 높다는 보장이 없다는 것이 문제다. 이러한 시행착오 과정을 거친 기업들이 이제는 학교 이름보다는 구직자의 열정을 더 높이 사려 한다.

### 스펙 무시하고 '실전 강화'한 변별 채용

최근에는 소셜리크루팅이라고 해서 지원자의 스펙을 보지 않고, 미션만 제시한 후 이를 해결하는 방식에 관심을 보이고 있다. 이와 함께 오디션 채용이라고 해서 TV 프로 〈슈퍼스타 K〉 등과 같은 방식으로 채용을 진행하는 기업도 있다.

KB국민은행의 경우에는 2012년부터 열정과 기업 적합도를 우선적으로 검토하기 위해 서류 전형에서 스펙 입력란을 모두 없애고 면접만 시행했다. 자기소개서의 스토리만으로 지원자를 선별한 것이다.

KT는 '실강형 인재'를 찾기 위해 '올레스타 오디션'을 진행했다. 지원서에 나와 있지 않은 것들을 자유로운 방식으로 다양하게 준비해 보여 주는 것으로, 당시 지원자가 1200명 정도였고, 참가 사유 위주로 선발해 인터뷰를 진행했다.


## 타깃을 좁게 잡고 깊게 파고들어라

기업 인사 담당자들이 공통적으로 이야기하는 것이 두 가지다.

하나는 쉽게 입사 지원이 가능하다고 해서 다수의 기업을 타깃으로 삼지 말라는 것이다. 자신의 적성에 맞는 산업군을 찾고, 그 카타고리 안에 해당되는 기업 몇몇 군데를 집중 공략해 깊숙이 파고들라는 말이다.

또 하나는 자신만의 스토리를 만들라는 것이다. 스토리를 만들 때도 드라마와 영화처럼 거창한 것이 아니라 작은 주제라도 기업과 연결시킬 수 있는 접합점을 찾아 진정성 있는 스토리를 만들라고 조언한다.


## 기준 이상 스펙에 돈 쓰는 것은 바보짓

스펙을 아예 보지 않는 것이 아니라 '기준 이상의 스펙은 필요 없다' 라는 것이 맞을 것이다. 기업에서 스펙을 아예 무시하지는 않는다. 어느 정도 변별성을 위해 업무에 필요한 스펙은 제시해 주고 있는데 문제는 기준 이상의 스펙을 쌓기 위해 많은 비용과 시간을 투자하는 것이다.

자신의 적성을 발견하고 그에 맞는 기업을 목표로 세웠다면, 그 분야에 필요한 스펙을 채우기 위해 학원 등의 사교육을 받는 것도 좋은 방법이다.
단지 토익 700점이 기준선인데 990점이 되기 위해 매일 새벽마다 학원에
가는 것은 지양해야 한다는 것이다.

# 08

## '한화그룹'을 통해 본
## 2013 新기업 인재 채용

그동안 대다수의 기업들은 지원자의 성향을 파악하기 위해 인적성 검사를 활용해 왔다. 하지만 취업 준비생들은 인적성 검사를 토익 점수나 자격증과 같은 스펙으로 인식하며, 많은 시간과 돈을 들여 준비해 온 게 사실이다.

이에 한화그룹은 올해부터 채용 절차를 대폭 간소화해 인적성 검사를 폐지하고, 새롭게 계열사별 업종 특성이 반영된 인재 채용 시스템을 도입했다. 각 테스트는 타당성이 검토된 다양한 평가 방법을 통해 만들어졌다.

**한화 L&C** 서류 전형을 통과한 입사 후보자들을 1박 2일 동안 꼼꼼히 면접한다. 면접생들은 제품 개발과 영업 등 두 분야로 나뉘어 면접을 본다. 먼저 게임 면접을 통해 조별 과제를 이행하고, 1인 시뮬레이션 면접에서는 현업에서 일어날 수 있는 문제를 해결하는 방안을 도출해야 한다. 3인 1조로 상황 설정을 한 후 역할 연기를 통해 실질적 영어 스피킹 능력도 검증받게 된다.

**한화갤러리아** '텔 유어 스토리Tell Your Story'라는 독특한 면접 방식을 도입했다. 편안한 카페에서 캐주얼 복장으로 진행되는 실무진과의 대화 및 질의응답Q&A을 통해 지원자들의 소통 능력을 테스트한다. 지원자에게 충분한 자기소개 시간을 주는 게 특징이다.

**(주)한화** 한화리조트용인에서 1박 2일 동안 합숙하며, 키워드·퍼즐 면접 등 5차례에 걸쳐 다양한 면접을 실시한다. 저녁식사 후에는 '맥주캔 미팅'을 통해 취업 이슈, 입사 10년 후 모습에 대해 토의하고 발표하는 비공식 면접도 진행한다. 이는 일반 면접에서 잘 드러나지 않는 지원자의 창의성, 사회성, 인성 등을 파악하기 위한 것이다.

내부 인재 양성도 게을리 하지 않는다. 한화는 글로벌 인재 수요 증가에 따라 사업 및 직무 이해도가 우수한 직원을 대상으로 매년 '글로벌 톱 30위권 석·박사 프로그램'을 지원하고 있다. 또 2012년 3월에는 한화기업대학을 개교, 고졸 채용 사원들이 현업에서 필요한 역량과 지식을 습득해 성과를 향상시키고, 학업을 통해 더 큰 비전을 달성할 수 있도록 돕고 있다. 우수한 성과를 낸 학생직원들에게는 승격 및 직군 전환의 기회를 부여한다.

## 기타 대기업 인재 채용 방식

**삼성** 직군별 전문성이 있는 주제에 대해 응시자가 10분~30분간 스스로 의견을 개진할 수 있도록 직무 역량 면접을 마련했다. 이 면접에서는 신세대의 가치관과 감각에 맞도록 전문 지식, 경험, 포부, 열정을 스스로 표현할 수 있게 했다. 또 학력에 상관없이 지원할 수 있으며 직무능력평가인 SSAT

에 응시할 수 있다.

**포스코** 창의적이고 도전적인 인재들을 환영하는 분위기다. 학벌이나 높은 학점보다는 발명 특허 자격 보유자, 벤처 · 창업 경험자, 군여군 장교 경력 보유자를 공식적으로 우대한다. 뿐만 아니라 상생하는 사회를 만들어 나가자는 취지로 다문화 가정과 사회 공헌 활동 우수자에게도 취업의 기회를 넓혔다. 다방면에서 우수한 '멀티플레이어' 영입을 위해 문이과 교차 계열 복수 전공 이수자에게도 가산점을 주고 있다.

**대한항공** 단순한 점수보다는 각 국가의 정치 · 경제 상황 · 일본 지진 같은 돌발 변수 등 전세계에서 일어나는 굵직한 이벤트와 환경 변화에 항상 주목하고 있는 인재를 좋아한다. 이에 PT 면접과 개별 역량 면접을 실시해 깊이 있는 구직자의 지식을 검증한다. 또 2차 면접 시에는 대상자 전원 영어 구술 테스트를 실시한다.

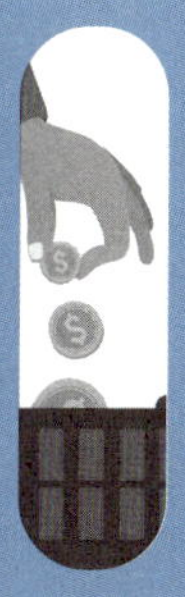

# 취업 트렌드 '스펙 아닌 능력'
## : 영어 공부 대신 경험 만들어 줘야 자녀 성공

'스펙 대신 능력'을 중시하는 취업 시장이 만들어지고 있다. 스펙 만들기에 과도한 교육비가 들면서 바람직한 현상이라는 견해가 나오고 있다. 영어 공부 대신 많은 경험을 만들어 줘야 자녀가 성공할 수 있다는 지적도 나오고 있다.

최근 취업 시장에서 가장 눈에 띄는 트렌드는 고졸 채용 선호 현상이다. 이 같은 현상과 맞물려 '선취업 후진학'을 모토로 하는 사내 대학도 트렌드화되고 있다. SKY<sup>서울대 고려대 연세대</sup>를 나와야 공공기관과 대기업에 입사할 수 있다는 '공식 아닌 공식'도 깨지고 있는 추세다.

### 바늘구멍 같은 공사에 당당히 취업한 고졸

고등학교를 졸업하고 대학 진학 대신 취업을 선택한 김지용 씨. 고등학교 시절 취업으로 진로를 결정하는 것부터 쉬운 일은 아니었다. 그러나 대학 진학이 취업을 위한 코스 정도로 인식되면서 거기에 너무 많은 돈과 시간을 투입하는 것이 무의미하다고 판단했다.

"나와는 다른 생각을 하는 사람도 분명 있을 거예요. 하지만 이건 내 인생이니 내 생각대로 설계하는 게 옳다고 생각했어요. 진학이 아닌 취업으로 진로를 결정한 뒤부터는 학교 수업이 끝난 뒤 자발적으로 남아 컵라면으로 끼니를 때우며 LH공사를 공부했죠. 처음에는 LH공사가 토지공사와 주택공사가 합쳐진 기업이라는 것도 몰랐어요. 이름을 듣고 '뭐지?' 하는 생각에 다른 기업부터 알아봤죠. 나중에야 LH공사가 어떤 기업인지 알고 다른 기업은 쳐다도 안 봤어요. 아버지가 건설일을 하고 계셔서 어릴 적부터 꿈이 건설학도였거든요. 그때부터 LH 홈페이지 및 관련 뉴스는 죄다 훑어봤죠. 고등학교 다닐 때부터 이미 반은 공사 직원이었어요. 단순히 암기하는 게 아니라 내 회사라 생각하고 이 부서 직원도 저 부서 직원도 돼 보면서 실무 위주로 공부했어요."

이런 노력은 헛되지 않았고 서류 전형과 필기, 면접을 연이어 통과하며 당당히 LH공사에 입사했다. 그러나 실제 부딪혀 일을 하다 보니 생각만큼 쉽지 않았다. 확실히 이론적인 공부를 어느 정도 하고 온 사람과는 차이가 느껴졌다.

대학을 다시 가야 하나 잠시 망설였지만 실무와 관련 없는 과목을 배우는 시간이 아깝다는 생각이 들었다.

"교양이나 인문학 같은 수업도 인생을 살아가면서 반드시 필요한 부분일 거예요. 하지만 전 그 시간이 좀 아깝더라고요. 빨리 실무부터 배워서 일을 잘하고 싶다는 생각이 간절했으니까요. 그런데 취업 후 운 좋게도 사내 대학이 만들어진 걸 알게 됐어요. 신입사원이라 부서 선배들께 말하기 좀 미안했는데 사내 대학에 들어가고 싶다는 의향을 내비치니 흔쾌히 보내 주시며 격려해 주더라고요."

사내 대학은 회사생활을 하는 데 큰 도움을 줬다.

"여러 가지 장점이 있겠지만 가장 큰 것은 전공 지식의 적용이 언제든 가능하다는 부분이었어요. 대학에서 얻은 지식을 현업에서 적용할 수 있으니 일반 대학에서 배운 것을 회사 들어와 잊어버리는 다른 친구들과 많이 비교되더라고요. 두 번째 장점은 회사에 적응하는 게 훨씬 쉬워졌다는 겁니다. 사실 고등학교 졸업 후 바로 사회에 나가는 게 쉬운 일은 아니더라고요. 모르는 것도 많고요. 그런데 잠시나마 직장인이 아닌 학생 신분으로 선배, 후배, 동료들과 함께 웃으며 공부하니 회사에 빨리 적응할 수 있겠더라고요."

## 트렌드화된 사내 대학……커리큘럼과 혜택 크게 달라져

김지용 씨처럼 고등학교를 졸업한 후 바로 취업해 사내 대학에서 공부하는 사례가 점점 늘어나고 있다. 사례가 늘고 있다는 것은 당연히 사내 대학을 세우는 기업들이 많아졌기 때문이다. 사내 대학 전성시대라고 해도 과언이 아니다.

사내 대학의 모습도 달라졌다. 지금까지는 기업의 직무 연수 과정쯤으로 여겼으며 이론 위주의 교육이다 보니 이수해도 별다른 혜택이 없어 승진을 위한 점수 따기 외에는 특별히 사내 대학을 찾을 이유가 없었다.

그러나 요즘은 커리큘럼과 혜택이 크게 달라졌다. 실습이 주를 이루고 졸업 후에는 정식 학위도 주어진다. 특히 기업들 사이에 고졸 채용 바람이 불면서 일과 학업을 병행하는 사내 대학의 효용성이 더욱 부각되고 있다.

현재까지 교육과학기술부로부터 정식 인가를 취득한 사내 대학은 총 7곳으로 2013년엔 LH토지주택대학<sup>LH공사</sup>, KDB금융대학<sup>KDB산업은행</sup> 등 4곳이 개교했다.

사내 대학이 늘어나는 것은 오랫동안 대졸 신입사원을 채용해 온 기업들의 실망감과도 무관하지 않다. 대졸 신입사원의 능력이 기대에 못 미치기 때문이다. 스펙은 화려하지만 실무 능력은 전무하기 때문에 제대로 능력을 발휘하려면 어차피 처음부터 다시 교육을 시켜야 한다. 이 과정에 투입되는 비용이 만만치 않다.

막대한 시간과 비용을 들여 필요한 인재로 키워 놓았으나 너무 쉽게 이직하는 것도 한 이유다. 대졸 신입사원의 경우 29%가 1년 내에 회사를 그만둔다는 통계가 있으며 중소기업의 경우 이 비율은 48%에 달한다. 허리띠를 졸라매야 하는 기업의 입장에서는 교육 투자 비용을 조금 더 효율적으로 사용해야 할 필요성이 커지므로, 사내 대학은 그런 당위성이 접목된 결과물이다.

특히 기술직의 경우 특성화고와 마이스터고에서 실무 위주의 교육을 받은 고졸 출신이 훨씬 일을 잘한다는 평이다. 나이가 어리기 때문에 적은 비용을 들여 교육시킬 수 있고 회사 맞춤형으로 교육해 놓으면 다른 회사로 이직하기도 힘들다.

⠀⠀⠀ⅢⅢ 대졸 취업 시장도 스펙보다는 능력

대졸 취업 시장 분위기 또한 스펙보다는 능력을 중시하는 방향으로 바뀌고 있는 것도 같은 이유다. 최근 기획재정부는 295개 공공기관의 신입사원 채용 시 서류 전형을 없애는 방안을 추진하고 있다.

학벌이나 학점, 영어 성적 및 자격증 등 이른바 '스펙'을 원천 배제하는 대신 스토리텔링과 오디션 등의 기법을 활용해 해당 기관 스스로가 필요한 취업 지망생의 업무 능력을 점검하는 방식으로 채용 시스템을 차별화하는 것이다.

스토리텔링은 '소셜리크루팅'이라고도 불리는 소셜네트워크서비스SNS를 활용한 채용 방식인데 구직자가 온라인을 통해 이름과 연락처, 성별, 연령대 등 학벌·학점·영어 성적 등이 배제된 기본적인 정보만 제시하면, 평가관과 피드백을 주고받는 과정스토리텔링에서 자연스럽게 자기소개와 지원 동기, 기존의 준비 과정 등을 소개하면 되는 것이다. 평가관이 수행 과제를 내주면 동영상이나 파워포인트 등 결과물을 SNS상에 올리는 방식을 반복하면서 업무 능력 평가가 진행된다.

이 과정에서 개인 혹은 팀을 이뤄 예선과 본선 등 토너먼트를 거치는 오디션 기법이 도입되기도 한다. 오디션이 끝나면 참가한 구직자와 수십 명에 달하는 재직 직원의 평가가 이뤄진다.

롯데, 현대모비스, 대우건설, 우리은행, 네이버 등 30개 민간 기업도 학력이나 영어 성적 등 스펙을 무시하고 업무와 관련된 역량 평가로만 인재를 뽑기로 했다.

기존에는 입사 지원서에 학력, 영어 성적, 봉사 활동, 가족 사항 등 직무와 무관한 내용도 기재했다. 이런 지원서는 직무와 관련 있는 활동 경험, 자격 소지 등을 적어 내는 역량 지원서로 대체된다. 전공 과목과 영어 상식 등으로 구성됐던 필기시험도 직무에 필요한 지식·기술 등을 평가하는 역량 테스트로 대체된다. 은행 출납 창구 직원 지망생들에겐 금융 상품의 특성, 금융 정책 변화에 따른 시장의 영향 등에 대한 문제가 출제되는 방식이다.

추상적인 내용을 주로 물었던 기존 면접도 직무와 관련 있는 경험 면접, 상황 면접, 프레젠테이션 등으로 구성되는 역량 면접으로 바뀐다.

경험 면접은 직무 역량을 평가할 수 있는 과거 경험에 대한 질문으로 꾸려진다. 상황 면접은 업무 수행 과정에서 발생 가능한 상황 대처 방법에 대한 평가 위주로 진행된다. 프레젠테이션은 특정 직무 관련 주제에 대한 의견을 발표하도록 해 직무 역량을 면밀히 평가한다.


||| 영어, 불필요한 자격증 공부보다는 필요한 경험 쌓는 것이 중요

최근 세대별 노동조합 단체가 조사한 바에 따르면 대졸자가 취업 준비를 위해 스펙에 투자하는 비용이 한 해 평균 4269만 원이라는 결과가 나왔다. 대학 등록금을 합한 금액이긴 하지만 사교육에 들어간 돈도 적지 않은 비중을 차지한다.

그러면 스펙을 만드는 데 들어간 비용을 회수하기 위해서는 얼마의 시간이 필요할까? 연봉 정보 사이트인 '페이오픈'에 의하면, 대졸 신입사원이 최소 생활비를 제외한 스펙 비용을 벌기 위해서는 평균 5년 6개월이 걸린다고 발표했다.

2012년 대졸 신입사원 평균 연봉을 2881만 원<sup>월 240만</sup>으로 봤을 때 매달 세금과 저축, 생활비를 합친 금액 175만 원을 제외하면 그만큼의 시간이 걸린다는 것이다.

진정으로 취업이 목표라면 이제는 불필요한 스펙을 쌓는 데 과도한 비용을 들이는 대신 목표를 확실히 정한 후 실무에 필요한 교육을 받아 비용도 줄이고 취업 확률도 높이는 지혜가 필요하다.

# 실속형 자기주도학습
## : 구청에서 교육받고 실력 쑥!

**교육비 제로, 6개월 만에 1등급이 된 비법은?**

광문고등학교 2학년인 연지 양은 평소 학교생활도 성실히 하고 공부도 열심히 하는 학생이다. 반에서 1등 하는 채연이와 단짝이어서 학교를 마치면 같은 독서실에 가 늘 함께 공부한다. 그런데 채연이는 1등급, 연지는 늘 3등급이다. 나름 열심히 하는데 연지는 그 이유를 알지 못했다.

겨울방학이 되고 연지는 채연이를 이길 수 있도록 방학 동안 열심히 공부해야겠다는 다짐을 했다. 그런데 뭘 어떻게 해야 채연이를 이길 수 있을지 알 수 없었다. 다른 친구들처럼 학원을 다니거나 과외를 할 수 있는 형편도 아니었다.

고민하다 얼마 전 선생님께서 말씀하신 구청에서 실시하는 자기주도학습센터 생각이 났다. 공부하는 방법을 가르쳐 주는 곳이란다. 연지가

224

센터를 찾고 6개월이 지났다. 드디어 다시 시험을 치렀다. 연지는 한 과목을 제외하고 모두 1등급을 받게 됐다. 채연이와는 공동 1등이었다. 연지는 어떻게 6개월 만에 1등이 될 수 있었을까?

## 연지의 멘토······장광원 선생님의 맞춤형 멘토링

||| 1단계: 나에게 맞는 학습 전략 만들기

먼저 상위권 학생의 경우 전 과목을 심화 학습 중심으로 한다. 중위권은 주요 과목 위주의 복습과 심화 학습을, 하위권 학생들은 2~3과목 중심의 집중 학습 및 복습 중심의 학습 전략을 세워야 한다.

학습 전략을 만들고 나면 이를 토대로 연간 계획, 월간 계획, 주간 계획, 일일 계획을 만들어 본다. 연간 계획은 크게 4부분으로 나눌 수 있다. 1학기, 여름방학, 2학기, 겨울방학 그리고 1학기와 2학기는 중간고사와 기말고사 기간으로 나눌 수 있으며, 이를 토대로 연간 계획을 수립하고, 매주 토요일이나 일요일에 일주일 단위로 계획을 짜고 그 내용을 탁상용 달력에 기입하여 매일매일 기록하면 계획, 실천, 피드백이 한 번에 된다.

탁상용 달력을 활용하면 한 달 동안의 계획과 실천한 내용을 한눈에 볼 수 있기 때문에 스스로 반성도 되고 여러모로 유익하다.

그 다음은 목표를 정해야 한다. 한 학년이 10반이라고 예상했을 때 반에서 10등만 올리면 전교 100등을 올릴 수 있다.

평균 10점만 올라도 반에서 10등을 올릴 수 있다. 10등을 올린다고 하면 매우 어렵게 생각하는 사람들이 많다. 그러나 4~5문제만 더 맞히면 10등은 쉽게 올라간다.

5등급인 학생이라면 1학기 중간고사에서 4등급, 기말 3등급, 2학기 중간 2등급, 기말 1등급 순으로 목표를 잡자. 한 등급 올리는 데 5~10점 정도가 필요하다. 과욕은 금물이다. 천천히 자신이 발전하고 있다는 데 만족하자.

자신이 선호하는 학습 방법과 학습 장소를 아는 것도 중요하다. 스스로 학습할지, 특정 과목의 경우 학원이나 개인 지도의 도움을 받을지, 인터넷 강의를 활용할지 그리고 공부 장소는 학교 자습실, 도서관, 독서실, 집 등 어디에서 공부할 때 학습 효율이 가장 높은지 점검해 봐야 한다.

### ||| 2단계: 시험을 잘 보는 방법은 따로 있다

우선 토요일은 복습과 예습하는 날로 정해 놓는다. 7과목 정도를 과목당 30분 정도로 잡고 복습과 예습을 하면 된다.

토요일에 일주일 분량의 학습량을 예습한 상태에서 수업에 임하게 되면 수업 내용에 대한 이해력과 집중력이 높아져 자연스럽게 성적 또한 향상된다. 토요일엔 예습 복습도 중요하지만 수업 시간에 선생님 말씀에 집중하는 것도 중요하다. 그렇지 않으면 토요일 예습은 시간 낭비다.

공부 잘하는 친구들과 친해지는 것도 하나의 포인트다. 공부를 잘하는 친구들은 수업 시간에 선생님께서 중요하다고 말씀해 주신 부분들을 책과 노트에 일일이 체크해 놓기 때문에 시험 문제로 출제될 확률이 높다.

시험은 늘 출제자의 의도를 잘 파악해야 성공한다. 선생님이 수업 시간에 들고 들어오는 문제집 혹은 선생님 책상 위에 꽂혀 있는 문제집을 잘 살펴야 한다. 시험이 끝난 후에는 시험 문제가 어디에서 출제되었는지를 책, 자습서, 문제집을 찾아 체크해 보자. 시험 유형을 알게 되면 공부에 대한 불안감이 사라진다.

### ||| 3단계: 수능의 경우 과목별로 다른 공부 방법이 있다

우선 언어 영역을 보자. 언어 영역은 보통 지문별로 문제가 5문제 정도 있다. 지문당 6분 내외로 문제를 풀면 된다.

1등급과 3등급의 차이는 주로 학습의 절대량 차이거나 문제를 푸는 습관의 차이에 있다.

3등급은 틀린 문제를 해설서 보고 대충 이해하고 넘어가는 반면, 1등급은 틀린 문제를 다시 풀어 보고, 해설서를 보면서 자신의 것으로 만들어 간다는 것이다. 언어 영역은 지문과 문제 속에 단서가 숨겨져 있으므로 가장 중요한 건 어떤 지문을 만나든 정답을 도출해 낼 수 있도록 출제자의 의도와 본인의 생각을 맞추는 것이다.

수리 영역은 학교 자투리 시간을 활용하면 많은 도움이 된다. 기본적으로 쉬는 시간과 점심시간을 다 합치면 90분 정도인데, 그때 수학 공부를 하는 게 좋다. 공부 잘하는 친구에게 모르는 문제를 바로 물어볼 수 있기 때문에 혼자서 공부할 때보다 2배의 효과를 볼 수 있다. 다만 기초가 많이 부족한 친구들은 처음부터 6개월에서 1년간 차근히 공부한다면 좋은 성과를 낼 수 있다.

영어는 단어 암기가 중요하다. 수능에서 필요한 단어가 1만 단어 정도 된다. 대부분의 수험생들은 5000단어 정도를 알고 있고, 공부를 못한다고 해도 3000단어 정도는 알고 있다. 그러니까 자신에게 부족한 나머지 3000~5000단어만 추가로 외우면 된다. 하루 50단어씩 두 달 정도면 충

분하다. 그러면 지문을 읽을 때 모르는 단어가 줄어들고 자연히 정답률
도 높아진다.

단어를 충분히 외운 다음에는 독해 또는 문법 공부를 시작하면 된다.
독해는 문장을 정확하게 주어, 동사, 수식어로 구분해 가며 꼼꼼하게 공
부하면 된다. 처음에는 한 지문에 1~2시간이 소요되기도 하지만 6개월
정도 흐르면 1~2분 내에 정확하게 해석할 수 있게 된다.

다음은 듣기 문제다. 듣기가 안 되는 이유는 단어 부족과 정확한 독해
가 안 되기 때문이다. 잘 들리지 않는 지문 독해 지문을 분석하듯 꼼꼼히
해석하고 이해한 다음에 3번 정도 반복해서 들으면 된다. 하루에 20~30
분 정도 한 달간 지속하면 문제집 한 권을 끝낼 수 있다.

과학탐구와 사회탐구는 인터넷 강의를 활용하는 경우가 많은데 책과
자습서를 본 다음에 인터넷 강의를 들을 것을 추천한다. 학생들은 인터
넷 강의를 예습 없이 그냥 보는 경우가 있는데 흡수율이 60~70%밖에 되
지 않는다. 인터넷 강의를 보충 및 복습의 의미로 본다면 강의 내용들이
머릿속에 차곡차곡 쌓일 것이다.

사회탐구 영역은 흐름이 중요하기 때문에 책을 처음부터 끝까지 또는
최소 단원별로 나누어서 쭉 읽는 방법을 추천한다. 보통 20시간 정도면
다 읽을 수 있다. 그 다음에 자습서, 문제집, 인터넷 강의를 활용하길 권
한다.


||| 4단계: 시간과 환경을 다스리는 자가 되어라

시간 관리라는 것은 가지고 있는 시간을 최대한 효율적으로 사용해 절

대적 학습 시간을 늘리는 것이다. 학기 중에는 월요일부터 금요일 쉬는 시간에 수학 공부를 하고 방과 후에 책과 노트를 통해 복습한다. 토요일에는 일주일 분량의 복습과 예습을 하고 일요일에는 주중에 부족한 공부를 하며 쉰다.

시험 2~3주 전에는 시험 계획표를 작성하고 책과 노트, 자습서와 문제집 공부 계획을 세운다. 방학 기간에는 방학 계획표를 작성한 후 1일 계획 및 학습량을 기록한다. 자신에게 부족한 과목을 중심으로 시간을 배정해야 한다.

시간을 관리하는 것만큼 환경을 정리하는 것도 중요하다. 자신의 책장에서 일 년 이상 보지 않았거나 풀지 않은 책, 자습서, 문제집은 과감하게 버리자. 자신이 공부할 것들로만 비치하는 것만으로도 마음의 부담이 줄어들어 상쾌한 기분으로 다시 공부할 수 있다. 그리고 공부방의 조명 밝기와 온도도 학습에 영향을 미치므로 유의하자.

책상 위에 목표 대학 또는 고등학교 모집 요강을 붙여 놓자. 목표 대학 또는 고등학교의 모집 요강을 보면 전형 유형별 반영 요소와 비율을 눈으로 확인할 수 있기에 진학에 대한 막연함도 사라지고 반영 요소에 따라 구체적인 준비도 할 수 있다. 이러한 연간 계획표와 모집 요강을 책상 위에 붙여 놓으면 동기 부여와 지속적인 실천에도 많은 도움이 된다.

# 돈 안 들이는 자기주도학습, 구청 문을 두드려라

최근 서울시의 각 구청에서는 자기주도학습지원센터를 만들어 학생들에게 스스로 공부할 수 있는 방법을 가르쳐 주고 있다. 2010년부터 만들어지기 시작한 자기주도학습지원센터에서는 매년 방학마다 2주간의 여름 캠프를 진행하기도 한다. 외부에서 자기주도학습 전문가를 초청해 수업을 운영하며 1~3만 원 안팎의 비용으로 자기주도학습법을 배울 수 있다. 주말마다 학부모와 학생을 대상으로 하는 특강도 열리고 있다.

구청의 자기주도학습지원센터에서는 • 나에게 맞는 공부법 • 공부의 이유와 목표 세우기 • 학습 환경 점검 • 과목별 학습법 및 시험 전략 등 다양한 학습 정보와 질 높은 프로그램을 제공하고 있다.

2013년 기준

| 프로그램 | 대 상 | 내 용 | 연락처 |
|---|---|---|---|
| 노원구<br>노원학당 | 초·중학생 | 셀프 리더십: 자기주도학습 14요서<br>꿈을 찾아 떠나는 여행: 성공의 불문율 5가지 방법<br>학습 관리: '학습 계획, 학습 일기, 시간 관리'라는 주제로 1년 학습 계획 세우기 | 구청 교육지원과<br>02-2116-4437 |
| 용산구<br>멘토링캠프 | 중학생 | 행복한 미래를 위한 첫단추: 학습 전략 검사/자기주도학습 완성 모델<br>스스로 공부하는 힘 만들기: 시간의 주인되기/ 집중력의 스위치 켜기<br>명문대 멘토의 학습 방법: 학습 시간 관리/ 기본 학습법 학습 시간 괸리 | 용산구<br>교육지원과<br>02-2199-6474 |
| 성동구<br>스터디캠프 | 초등 5학년 | 학습 동기부여/ 집중력 향상/ 시간 관리/ 학습 전략/ 진로 목표 설정 | 자기주도학습<br>지원센터<br>02-2286-6164 |
| 동대문구 | 초등 5·6학년 | 자기주도 공부 습관 만들기/ 비전 세우기/ 집중력 키우기/ 학부모와 자녀 상담 | 교육비전센터<br>02-2127-5298 |

# 사교육 없이 명문대 갈 수 있다
: 제주도 소년의 서울대 입성기

2012 통계청 조사 <sup>초 · 중 · 고교 1065개교의 학생 3만 4000명과 학부모 4만 4000명 대상</sup>에 따르면 최근 5년간 초 · 중 · 고 전체 사교육비 규모는 20조 원 안팎의 높은 수치를 유지하고 있다. 2009년 <sup>21조 원</sup> 이후 점차 줄어 2012년에는 19조 원 정도로 추정된다.

학생 1인당 월평균 사교육비, 사교육 참여율 역시 소폭 감소 추세지만 2012년 월평균 사교육비는 23만 6000원, 참여율은 69.4%로 여전히 높다. 이중 국어 · 영어 · 수학 일반 교과의 1인당 월평균 사교육비가 19만 3000원이다.

특히 중 · 고등학교 학생에 비해 초등학생에게 들어가는 사교육비가 더 많았다. 그러나 초등학생의 사교육비 역시 2008년 10조 원 수준에서 2012년 7조 7554억 원으로 점차 감소세다. 중 · 고등학생 사교육비는 비슷한 수준으로 유지되고 있다.

한편 지난해 취학 전 영유아 만 0~5세의 총보육·교육비는 국내 총생산[GDP]의 0.48%에 달하는 5조 9000억 원을 기록했다. 특히 이 가운데 사교육비가 차지하는 비율은 48.3%여서 취학 전부터 사교육비가 가계의 부담이 되는 것으로 나타났다.

전국 2500가구를 대상으로 진행한 다른 조사에서는 영유아 1인당 평균 보육·교육에 들어가는 비용이 한 달 평균 17만 6000원이라는 결과가 나왔다. 어린이집의 특별 활동 비용이나 교재·교구비, 학습지 등의 사교육에 들어가는 비용은 평균 8만 1000원이었다.

사교육에 돈을 쓰는 영유아 가정들은 가구 소득의 3.7%를 사교육비로 사용하는 것으로 드러났다. 사교육을 접하는 시기가 당겨지고 무상 보육으로 어린이집을 이용하는 아동들이 늘어나면서 특별 활동비 등이 증가한 탓이다.

이러한 사교육비 고공 행진 속에서 과외 한번 받지 않고 자신만의 공부법으로 서울대학교에 진학한 학생이 있어 화제다. 그의 이야기를 소개하고자 한다.

# 공부의 즐거움을 느끼게 하는
## 스스로 학습법

—홍혁준(21 · 서울대 중어중문학과)

홍혁준 씨는 올해 21세로 대학교 2학년이다. 제주도에서 태어나 초 · 중 · 고등학교 시절을 보내고 지난해 서울대학교에 입학했다. 혁준 씨의 서울대 입학이 의미하는 바는 남다르다. 부모님의 기대나 강요 없이 본인의 힘으로 달성한 성과이기 때문이다.

혁준 씨는 어린 시절부터 아홉 살 많은 형 덕분에 또래 아이들 수준보다 높은 단계의 책을 자연스레 읽었다. 과학 · 역사 등 다양한 분야의 책들을 골고루 접할 수 있었던 것이 지적 호기심을 키우는 밑거름이 됐다.

부모님께서도 혁준 씨의 성적보다는 인성 교육, 삶에 대한 태도를 중시하셨다. 높은 성적을 받는 학생보다는 수업을 열심히 듣는 사람이 훌륭한 학생이라는 말을 듣고 자랐다. 그래서인지 시험 성적을 잘 받아야 한다는 생각은 별로 없었다. 수업에 충실하다 보니 초 · 중학교 입학 직후까지는 반에서 2, 3등을 유지했다.

"학원을 아예 안 다녀 봤다고 하면 거짓말일 거예요. 중학교 들어가서 전 과목 보습 학원을 다니기도 했어요. 너도 나도 다니는 분위기에 휩쓸려 다녔던 것 같아요."

하지만 중학교 2학년, 많은 학생들에게 찾아오는 사춘기가 시작되면서 혁준 씨의 성적은 점점 떨어졌다. 크게 부모님 속을 썩이진 않았지만 그 전보다 수업 태도도 불성실해지고 선생님들에 대한 반항심도 커져 갔다. 운동, 게임…… 공부 말고 재미있는 것들은 모두 해 봤다. 중학교 3학년 때, 몇몇 특정 과목 내신 등급이 4등급까지 떨어지기도 했다.

"4등급이면 평균 수준 아니냐고 의문을 던지시는 분들도 있을 거예요. 학업에 전혀 관심이 없는 운동부 친구들이 8, 9등급인데, 어느 정도 공부에 신경 쓰는 친구들에게 4등급은 정말 나락이나 마찬가지예요. 그런데도 위기라고 생각하지 못한 것이 문제였죠."

사춘기의 반항심이 한풀 꺾인 후, 고등학생이 된 혁준 씨는 제주시 인문계 남자 고등학교 중 유일한 공립고인 제주제일고등학교에 입학했다. 학교는 전반적으로 자율적인 분위기였고 그것이 자신의 공부 스타일과 잘 맞았다. 이때부터 공부에 열중했다. 1, 2학년 때 친구들보다 높은 수준의 성적을 유지했다.

그런 혁준 씨에게도 콤플렉스가 있었다. 아무리 열심히 해도 반 등수가 2등에 머물렀기 때문이다. 1등에 대한 열망이 강해지고 그것이 스트레스로 다가왔다. 그 시기 혁준 씨의 구세주는 바로 담임선생님이었다.

"제 마음을 아시고 단호하게 얘기해 주셨어요. 공부라는 것이 하면서 느끼는 자기만족이 되어야지, 누군가를 꺾어 눌렀다는 것에서 느끼는 만족이 아니라고요. 그 말을 듣는 순간 등수의 강박에서 벗어난 것 같아요. 자연스레 '공부의 즐거움'으로 초점이 바뀌더라고요."

혁준 씨만의 특별한 공부 방법은 없었다. 공부법보다 시간 관리에 신경을 썼다.

"일주일 단위로 공부 스케줄을 짰어요. 주말은 무조건 빼고 월요일부터 금요일까지 부담 느끼지 않을 만큼 미리 계획하고 실천했죠. 대신 이 과정을 꾸준히 했어요. 못한 분량은 주말에 해야 한다고 생각하니 주중에 충실히 하게 되더라고요."


## 머리의 한계 느낄 정도로 과도한 공부하지 않는다

특히 혁준 씨는 머리의 한계를 느껴 본 적이 없다. 머리가 좋아서가 아니라 한계를 느낄 정도로 과도한 공부를 해본 적이 없기 때문이다.

"영어의 경우, 하루에 지문 4개만 꾸준히 했어요. 문법 위주로 공부하고 단어도 그 안에서 나온 것들로만 외우니까 벅차지 않았고요."

그에게 가장 힘겨웠던 과목은 수학이다. 고2 때 원하는 만큼 점수가 나오지 않자, 고3 올라가는 겨울방학 때 특단의 조치를 취했다. 학교에서 하라고 하는 보충 수업도 듣지 않고 수학을 잡자는 목표를 세웠다. 물론, 이때도 과도한 양의 공부는 하지 않았다.

"《수학의 정석》을 하루 한 단원씩 소화했어요. 개념 정리도 하고 문제도 풀면서 방학 동안 책 한 권을 끝냈더니 고3 모의고사에서 점수가 확 오르더라고요. 정말 기분 좋았어요."

고등학교 내내 그가 다닌 사교육 학원이란 3학년 1년 동안 다닌 논술 학원이 전부다.

"학원비는 한 달에 40만 원 정도예요. 학교 교육에서 채워 줄 수 없는 부분이라 생각해서 부모님께 말씀드리고 다니게 됐어요."

특히나 논술은 혁준 씨가 가장 좋아하는 과목이다. 어릴 적 독서 습관, 중학교 때 NIE 활동도 도움이 됐으며 논술 학원 선생님의 교육 스타일이 학생들에게 흥미를 불러일으켰다. 입시에 맞춘 교육보다는 책 읽는 즐거움과 논술의 본질에 초점이 맞춰져 있었기 때문이다. 혁준 씨를 비롯해 학원생들 모두가 즐겁게 공부할 수 있었다.

"대학 와서 친구들과 얘기해 보니 저와 많이 다른 방식으로 논술을 공부했더라고요. 예를 들면 'Y대 교수들이 좋아하는 채점 기준'에 맞춰서 트레이닝을 받았다고 해요. 저는 그런 기계적인 공부가 아니라서 정말 즐겁게 했던 것 같아요."

## 부모들의 무관심이 오히려 자율성 키운 원동력

이렇게 스스로 알아서 공부하는 동안 부모님들은 전혀 신경을 쓰지 않았다. 부모님의 무관심은 자유분방하고 즐겁게 공부하는 혁준 씨에게 큰 원동력이 됐다.

"주위 극성인 엄마들을 보시고 걱정이 되셨는지 언젠가 어머니께서 '너무 무관심해서 서운하지 않냐고, 엄마가 신경을 좀 써 줄까'라고 물어보시더라고요. 그때 괜찮다고 다시는 그런 얘기하지 말라고 흥분했어요. 그 당시에는 허영(?)이라고 할까요…… 부모님 도움 없이 나 혼자 해냈다는 성취감을 즐기고 싶었던 것 같아요."

부모님을 원망해 보거나 자신의 현실을 탓해 본 적도 없는 그이지만 대학교 와서 친구들을 보며 부러웠던 적은 있었다. 외고 출신 친구들이 이미 다양한 언어를 배우고 경험한 후 대학교에 들어온 것과 본인들의 재능을 발휘할 수 있는 방법을 미리 알고 있었던 것, 두 가지다.

현재 중어중문학과에 재학 중인 혁준 씨는 서울대학교 인문대학에 들어온 뒤 중국어를 처음 접했다. 고등학교 때 제2외국어로 일본어를 택했고, 수능으로 아랍어를 선택해 단기간 벼락치기 공부를 했던 게 전부다. 반면, 외고 커리큘럼을 보면 외국어를 배우는 데 특화돼 있다. 제3외국어까지 탄탄하게 배우고 올라온 친구들이 대다수였고, 외국 나갔던 경험도 많아서 동기 유발까지 확실했다.

"중국어를 갓 배운 제게 이미 중국까지 다녀온 친구들만큼의 중국어 실력을 갖춘다는 건 쉬운 일이 아니죠. 후회도 많이 했어요. 그래도 중국 자체에 대한 호기심으로 선택한 것이기 때문에 중국어를 못하는 건 문제가 안 된다고 생각해요."

또한 친구들은 어릴 적부터 스펙을 쌓는 방법에 대해 잘 알고 있었다. 본인의 재능을 펼칠 수 있는 자격증과 대회 등이 어떤 것인지를 이미 파악하고 있었고 찾는 데도 익숙했다. 그 덕에 기회를 잘 포착했다.

"정보 습득과 경험의 격차가 크게 느껴졌어요. 그건 제가 앞으로 극복해야 하는 과제라고 생각해요. 반대로 그 친구들이 제게 느끼는 부러움도 있으니 괜찮아요."

혁준 씨의 꿈은 '좋은 아빠가 되는 것'이다. 구체적으로 말하면, 내 아이가 행복하게 살 수 있는 터전을 만들어 주는 것. 특히 요즘 같은 입시 전쟁을 자신의 아이만은 피하게 해주고 싶다.

"내 아이를 기계처럼 공부하는 아이로 키우고 싶지 않아요. 공부의 즐거움도 느끼게 해주면서 아이가 원하는 것을 해줄 수 있는 아빠가 되고 싶어요. 그러려면 돈도 꽤 필요할 것 같아요. 열심히 벌려고요."

## 사교육 의존도 벗어나 자기주도학습해야

마지막으로 혁준 씨는 공교육이 나아가야 하는 방향과 지나친 사교육 문제에 대해서도 자신만의 소견을 들려줬다.

"공교육과 사교육은 엄연히 목적이 다르니 비교하는 것 자체가 말이 안 된다고 생각해요. 공교육의 목적은 한 사람을 민주적인 사회 구성원으로 키워 내는 것이에요. 즉, 방패 없이 사회에서도 버틸 수 있는 능력을 주는 것이죠. 공교육이 사교육을 무분별하게 따라가려다 보니 학교 폭력이나 왕따 문제 등 다양한 부작용들이 나타나는 것 같아요. 또한 사교육의 반대말은 자기주도학습이라고 생각해요. 본인 스스로 하지 못하기 때문에 사교육에 의존하게 되는 것이죠. 아이들의 성적을 올리는 가장 좋은 방법은 자신감을 가지고 스스로 공부하는 것이에요. 아울러 아이들에게 좋은 대학에 가는 것이 아니라 자신이 만족할 수 있는 곳으로 가는 것이 중요하다는 것을 알려주는 부모, 나아가 사회가 반드시 필요하다고 생각합니다."

# 교육비 벗어나
# 스마트한 노후 즐기다
## : 희망의 실버 세대

**아버지와 함께하는 아침 식탁, 훌륭한 아들 길러낸 토대**

평생 은행에서 근무해 온 조운제 씨[04]는 최근 즐거운 노후 준비에 여념이 없다. 명예퇴직을 한 지 5년이 됐지만 지금이 인생의 황금기라고 느낀다.

이번 주말에는 친구들과 등산 모임을 갖고 시간을 쪼개 KB국민은행에서 여는 노후 준비 재테크 강의도 들으러 갈 예정이다. 조씨는 '투자는 많이 못하더라도 알고는 있어야 할 것 같아서 챙겨 듣고 있다'며 '선착순으로 가는 것이라 출발도 서두를 것'이라 한다.

조씨는 7년 전 KB국민은행의 지점장으로 명예퇴직 후 아내와 함께 자유로운 장기 세계 여행을 다녔다. 그동안은 직장 생활 때문에 그처럼 긴 여행을 즐길 수 없었다. 전업 주부였던 아내와 특별한 공간에서 함께한 시간이 새삼 소중하게 느껴졌다.

"터키에서 본 이국적인 건물은 꼭 동화 속에 나오는 풍경 같았죠. 이스탄불에서는 동서 문화의 융합된 중간 지점을 느낄 수 있어서 좋았고요."

그뿐 아니라 스위스, 체코, 프라하 등 꿈에 그리던 여러 곳을 주저 없이 다니며 인생을 즐겼다. 조씨는 특히 캐나다 일주에서 접한 만년설과 미국의 그랜드 캐니언을 자신에게 영적 깨달음을 준 여행지로 꼽았다.

조씨는 1968년부터 은행에서 근무했다. 당시에는 주택은행이었고 중간에 국민은행으로 통합됐다. 긍적적이고 부지런한 성격 덕분에 사내 인사고과에서 매번 높은 점수를 받았고 연수 성적도 좋아 33세라는 젊은 나이에 차장으로 승진했다.

"은행은 비교적 안정적으로 생활할 수 있어 당시에는 은행에 들어간 학생들의 이름을 붙여 놓는 학교들도 있었어요. 노력한 만큼 평가를 받을 수 있다는 점도 좋았고요. 지금도 은행에서 근무했다는 것을 자랑스러워합니다."

이후 1995년부터 지점장 발령을 받아 계속 국민은행 의정부지점장으로 일했다. 명예퇴직 후에는 국민은행의 한 계열사에서 1년 반가량 계약직으로 일했다. 이후에도 퇴직금과 연금만으로 생활을 영위해 경제적 근심을 해본 적은 없다.

조씨는 슬하에 아들 둘을 두고 있다. 특히 둘째아들 조승제 씨[33 · 가명]는 성균관대학교에서 경제 · 경영을 전공하고 현재 여의도의 한국투자신탁은행에서 차장으로 일하고 있다. 아버지와 같은 금융인의 길을 걷고 있는 것이다.

조운제 씨는 어떻게 아들을 자신과 같은 길을 걷는 훌륭한 금융인으로 길러냈을까?

조씨는 '어렸을 적엔 인성 교육이 중요하다는 생각에 규칙적인 생활을 하도록 많이 가르쳤고, 조금 자란 후에는 자율적으로 공부든 생활이든 하게 됐다'고 말했다.

학원도 강남이 아닌 집 근처의 작은 보습 학원에서 부족한 한두 과목을 보충한 것이 전부란다.

"어렸을 적에 제가 은행에서 안정적으로 벌이를 해, 외식도 많이 하고 여행도 하는 등 여유롭게 사는 모습을 보면서 아들도 비슷한 꿈을 키웠나 봐요. 조금 답답한 면도 있긴 하지만요. 저의 영향을 받은 것이 크다고 할 수 있죠."

## 사교육 줄이고 밥상머리 경제 교육이 특효

아들이 어렸을 적부터 조씨는 매일 아침 밥상머리에서 경제 뉴스를 알기 쉽게 풀어 설명해 줬고 '돈' 이야기를 재미있게 들려줬다. 아들에게 돈과 숫자는 삶을 활기차게 해주는 긍정적인 것으로 다가간 듯하다.

승제 씨는 티브이에 나오는 경제 뉴스, 증권 뉴스를 듣고 궁금한 것이 있을 때면 밤늦게 퇴근하는 아버지를 붙잡고 물어보기도 했다.

조씨는 그런 아들에게 더없이 좋은 선생님이었다. 서재 가득히 쌓인 경제 서적도 승제 씨에게는 좋은 놀이터였다.

승제 씨는 대학 졸업 후 미래에셋투자증권과 한국투자신탁은행에 동시에 합격했지만 '펀드 매니저'가 되어 활동적으로 일하고 싶어 후자 쪽을 택했다. 현재 홍콩, 런던 쪽의 일을 맡고 있다고 한다.

조씨는 이에 대해 '아들이 보기엔 은행원의 인생은 좀 답답해 보이기도 하나 봐요. 자기 인생 자기가 선택하는 거죠' 라며 웃었다.

## 자식에게 의지하지 않는 노후 대비가 중요

무엇보다 조씨는 노후에 아들에게 큰 도움을 받을 생각이 없다. 그러나 결혼 전 아들은 매달 꼬박꼬박 30만 원씩 용돈을 부쳐 줬고, 현재도 비싼 전셋값을 감당하느라 그 정도까진 아니지만 형편 닿는 대로 용돈을 주곤 한다. 물론 아내와 함께 자주 집을 방문하고 외식을 가거나 여행을 함께 다니기도 한다.

조씨는 다소 넓은 편인 자신의 집을 정리해 작은 평수로 이사를 갈 계획이다. 남은 돈으로는 여행을 가고 건강 관리 자금으로 모아 두어 삶의 질을 높일 예정이다.

조씨는 '경기가 좀 풀려 부동산 경기가 회복되기를 기다리고 있어요. 주택연금과 국민연금 등 안전 자산을 활용해 노후 대비를 하고, 부동산으로는 여유 자금을 마련해 재투자를 하려고요' 라고 밝혔다.

조씨는 또 최근 사교육에 목을 매다 에듀푸어로 전락하는 풍조에 대해 '먼저 부모가 자신의 인생에 최선을 다하고 즐기는 것이 자녀에게 가장 큰 교육이고 자식을 돕는 길' 이라며 '내 노후가 탄탄히 준비되고 내 인생에 자신이 있으면 아이에 대한 집착도 줄어든다' 고 조언했다.

현재 그는 CJ에서 진행 중인 노년 일자리 늘리기 사업의 일환인 '미소지기' 로 CGV 영화관에서 하루 4시간씩 일하고 있다. 노년이지만 젊은 이들과 함께 당당히 사회 구성원으로서 일하는 것이 행복하다는 조씨는 진정한 골든 에이지다.

## 장인 정신 물려준 해외 IT 父子들······ '교육비 걱정 없이 최고의 교육을'

1950~1960년대 미국 중산층 아버지들은 퇴근하면 돌아와 자녀들과 시간을 보내며 자신의 관심사와 자녀의 관심사를 교류했다. 이러한 부자 간의 교감은 지금까지도 이어져 미국 '창조 경제'의 뿌리가 되었다고 평가받는다. 어릴 때부터 아버지와 자연스럽게 좋아하는 것에 대해 공유하고 지식을 흡수해 온 준비된 인재들이 현재의 미국을 이끈다는 것이다.

어릴 적 자녀들에게는 아버지와 어머니가 롤 모델이고, 가정은 축소된 사회다. 그때 경험한 지식과 관심사들이 인생에 지대한 영향을 끼치는 것은 당연하고도 마땅한 일이다.

페이스북 공동 창업자 마크 저커버그는 어렸을 적 컴퓨터를 끼고 살았다. 치과의사였던 그의 아버지 에드워드 저커버그는 1984년에 자신의 병원에 IBM의 XT PC를 들여 놓을 정도로 IT에 관심이 많은 사람이었다.

그는 아들의 능력을 일찍부터 알아보고 직접 베이직 프로그래밍을 가르쳤으며 마크 저커버그가 중학교에 진학할 때는 소프트웨어 개발자인 데이비드 뉴먼을 개인 교사로 고용해 프로그래밍을 배우게 했다.

구글 공동 창업자 래리 페이지의 집에는 어렸을 적 항상 여러 대의 컴퓨터와 과학 잡지들이 곳곳에 즐비해 있었다고 한다. 컴퓨터 프로그램 강사였던 어머니와 컴퓨터공학 및 인공지능학 교수였던 아버지 칼 페이지가 늘 컴퓨터 관련한 것에 투자를 아끼지 않았기 때문이다.

그는 형에게 컴퓨터를 어떻게 분해하는지를 배웠고, 아버지를 따라다니며 물건의 작동 원리를 물었다. 손에 닿는 물건들은 모두 그의 실험 대상이 되곤 했다. 아버지를 따라 미국 전역의 로보틱스 컨퍼런스를 다니기도 했다. 페이지는 '어릴 적 그런 노출들이 더 많은 가능성을 꿈꾸게 했다'고 회고했다.

## 사교육 없이 부모가 먼저 배우고 가르치는 살아 있는 교육

이들 부모의 말년도 당연히 풍요로웠다. 유년 시절부터 사교육비라는 것은 일체 생각지도 않았고 그저 관심 있어 하는 것을 계속할 수 있게만 지원했을 뿐이다. 가정 살림에서 교육비가 차지하는 부분도 그리 크지 않았다. 서구 문화의 영향도 있겠지만 자녀가 잘할 수 있는 것을 부모가 먼저 배우고 가르치는 살아 있는 교육이 탁월한 효과를 가져올뿐더러 교육비를 절감할 수 있다. 당연히 노후 자금을 미리 미리 준비할 수 있었고 자녀들의 성공 덕을 보지 않고도 즐거운 노년을 보낼 수 있었다.

# '생각부터 바꿔라'
## : 한화생명 김태우 연구위원의 '실버리치 되는 법'

잘산다는 의미는 돈을 잘 버는 것뿐 아니라 돈을 잘 쓰는 것도 포함된다. 돈을 쓰는 효율이 낮다면 돈을 잘 못 쓰는 것이다.

어떤 투자든 투자 대비 얻어지는 성과로 그 효율성을 판단해야 하고 투자 금액을 조절하는 것이 합리적이다.

물론 자녀의 일을 꼭 이런 공식에 맞출 수는 없다. 둘 사이에는 계산이 안 되는 사랑이 존재하기 때문이다. 그러나 자녀의 과외비 지출로 인해 빚까지 얻어야 하는 에듀푸어라면 생각을 달리해야 한다.

돈을 들이더라도 효과적으로 배분해야 내 노후도, 자녀의 미래도 장밋빛이 될 수 있다.

예전에는 논 팔고 소 팔아 자식 공부시키면 자식이 부모의 노후를 책임지는 관례가 있었지만 요즘은 아니라는 것을 명심해야 한다.

## 4050······강남식 과외비 지출은 학원장 노후 자금으로 흘러간다

2012년 통계청 '가계금융조사'에 따르면 가구당 평균 소비 지출은 2311만 원<sub>가계 지출 3069만 원</sub>으로 나타났다. 이중 교육비가 차지하는 비중은 약 348만 원으로 식료품 다음으로 높은 비율을 차지하고 있다.

40~50대에서는 소비 지출이 2782~2983만 원으로 평균보다 높아지고 교육비 비중도 평균 소비 지출 비중보다 약 2배 정도 늘어난다.

40~50대들이 가장 자녀 교육에 민감하다는 뜻이다. 특히 강남 40~50 대들의 사교육은 일반인의 사교육과는 차원이 다르다. 강남에 거주하고 한 달 수입이 900만 원 이상 되는 사람들 중에는 자녀 교육비로 400~600 만 원을 지출하는 경우도 있다.

대한민국 가정 중 극소수에 해당하지만 이들이 선두에서 사교육 시장을 이끌고 있는 것 또한 사실이다. 돈으로 교육하는 이들의 교육 방식을 '강남식 사교육'이라 부르기도 한다.

이런 가정의 사교육비를 가지고 저축을 한다고 생각해 보자. 매월 400 만 원을 연복리 4%에 3년을 저축하면 약 1억 5000만 원이 되는 금액이고 5년이면 2억 6000만 원이 된다.

1억 5000만 원은 은퇴 후 부부가 생활비로 매월 200만 원씩 약 10여 년 동안 쓸 수 있는 적지 않은 금액이다. 이런 거금을 투자하면서 효율을 따져 보지 않는 것은 바보 같은 짓이다.

실제 강남의 과외비에는 거품이 많이 끼여 있다. 한 입시 학원의 교육 컨설팅 실장은 '강남 엄마들은 선생님의 가격이 낮으면 실력이 좋지 않다고 생각하는 경우가 많다'며 '이 때문에 일부러 200~300만 원씩 과외

# 가구별 가계 지출비

| 구 분 | | 평 균 | | | | | | | | 중앙값 |
|---|---|---|---|---|---|---|---|---|---|---|
| | | 소비지출 | 식료품 | 주거비 | 교육비 | 의료비 | 교통비 | 통신비 | 기타지출 | |
| 전 체 | | 2311 (100.0) | 643 (27.8) | 293 (12.7) | 348 (15.1) | 133 (5.8) | 269 (11.6) | 162 (7.0) | 464 (20.1) | 1970 |
| 가구주 성별 | 남자 | 2598 | 714 | 308 | 411 | 145 | 312 | 180 | 527 | 2280 |
| | 여자 | 1321 | 398 | 241 | 130 | 90 | 118 | 98 | 245 | 1022 |
| 가구주 연령대별 | 30세 미만 | 1623 | 516 | 281 | 57 | 67 | 178 | 156 | 367 | 1535 |
| | 30~39세 | 2383 | 701 | 304 | 282 | 118 | 292 | 180 | 505 | 2190 |
| | 40~49세 | 2983 | 771 | 339 | 687 | 122 | 342 | 209 | 512 | 2680 |
| | 50~59세 | 2782 | 724 | 334 | 441 | 157 | 339 | 196 | 591 | 2398 |
| | 60세 이상 | 1344 | 438 | 211 | 35 | 142 | 140 | 78 | 300 | 984 |
| 가구주 교육 수준별 | 초졸 이하 | 1034 | 329 | 176 | 42 | 107 | 106 | 70 | 206 | 745 |
| | 중졸 | 1759 | 514 | 256 | 153 | 126 | 219 | 129 | 363 | 1456 |
| | 고졸 | 2324 | 646 | 306 | 345 | 127 | 285 | 181 | 435 | 2048 |
| | 대졸 이상 | 3116 | 840 | 352 | 568 | 154 | 350 | 200 | 652 | 2727 |
| 가구주 종사상 지위별 | 상용 근로자 | 2882 | 794 | 319 | 512 | 146 | 314 | 198 | 598 | 2516 |
| | 임시 · 일용 근로자 | 1553 | 485 | 258 | 157 | 92 | 170 | 130 | 261 | 1360 |
| | 자영업자 | 2629 | 670 | 332 | 401 | 140 | 370 | 186 | 529 | 2350 |
| | 기타<sup>무직 · 학생 등</sup> | 1186 | 395 | 208 | 59 | 123 | 103 | 71 | 228 | 814 |

(단원 : 만원, %)

비를 뺑튀기 하는 경우가 많다'고 귀띔했다.

또 '강남은 보통 소개를 통해 과외 선생님을 연결하기 때문에 선생님들은 그 브로커와 친분만 만들어 놓으면 가격 높이는 일은 쉬운 문제'라고 했다.

따라서 학생의 수준이나 과외 과목수, 학생의 공부 방식을 고려해 효율성 있게 사교육을 시키는 것이 중요하다. 그렇지 않으면 피땀 흘려 번 돈으로 강남 학원장의 노후 자금을 대주는 꼴이 될 수 있다.

### 3040……자녀 영어 유치원? 경쟁력 있는 부모가 가르쳐라

우리나라의 교육 현실은 자녀의 꿈보다 부모의 꿈이 먼저다. 특히 20~30대 부모의 경우 이미 자신이 자라면서 사교육을 어느 정도 받고 자란 세대인데다 1990년대 IMF 이후 직장을 얻은 세대로 자신들이 직장을 얻게 된 과정에서 치열한 경쟁을 겪다 보니 자녀에게도 사교육을 시키는 '아바타' 현상을 보이고 있다.

통계청 자료에 따르면 30~40대의 경우 노후 생활비 규모는 늘어나지만 노후를 위한 저축 규모는 낮은 상황인 것으로 조사되고 있다.

이는 과다한 교육비 지출이 원인인 것으로 보인다. 부모가 30~40대라면 자녀는 유치원에서 초등학생 정도인데 이들 자녀들에게 과도한 사교육비가 들어가는 이유는 무엇일까? 아마도 영어 열풍 때문으로 보인다.

하지만 이들에게 가르치는 영어 교육 수준은 부모들이 알고 있는 영어 정도로도 충분히 커버 가능하다. 특히 지금 30대들은 대부분 토익이나

| 구 분 | 20대 | 30대 | 40대 | 50대 | 60대 |
|---|---|---|---|---|---|
| 은퇴 연령 | 61 | 63 | 64 | 65 | 72 |
| 노후 월평균 최소 생활비 | 159(138) | 173(156) | 168(160) | 156(48) | 134(121) |
| 노후 월평균 적정 생활비 | 250(224) | 264(242) | 252(243) | 234(226) | 198(188) |
| 월평균 저축액 | 27만 | 34만 | 37만 | 34만 | 16만 |

토플 시험을 치고 직장에 들어갔고 40대 중에서도 승진을 위해 따로 영어 공부를 한 사람들이 많다.

지금 30~40대의 저축 금액으로는 원하는 최소 생활비 수준도 감당하기 어렵다는 것을 감안할 때 어디에 돈을 쓰는 것이 우선순위인지를 먼저 생각해 봐야 한다. 가정 안에서 해결할 수 있는 대안은 남의 손을 빌리지 않고 하는 것이 가장 좋다.

## 5060…… 취업 스펙? 자녀 아닌 중장년이 필요하다

서울시가 발간한 '2013 통계로 본 서울 남성의 삶' 보고서에 따르면 남성 취업자 중 60세 이상 취업자가 2012년 처음으로 20대 후반[25~29세] 남성 취업자를 추월했다고 집계되었다. 특히 2006년부터 남성 취업자 중 아버지 세대인 50대[47만 9000명]가 자식 세대인 20대[46만 5000명]보다 많아져 두 세대 간 고용 지표 격차가 점차 확산되고 있는 것으로 나타났다.

나이 든 사람들이 이렇게나 많이 재취업 전선에 뛰어드는 이유는 무엇일까?

서울시복지재단이 55세 이상 서울 시민[취업자] 1000명을 대상으로 조사한 결과 이들 중 19.9%만이 주관적 경제 상태를 '좋은 편'이라고 응답했고 '보통'이 47.4%, '나쁜 편'이라는 응답이 32.7%에 달했다.

퇴직 후 일하고 싶은 이유도 10명 중 3명이 '경제적 이유'였다.

이런 통계 자료를 보면 나이가 들어도 경제적인 이유로 취업을 하는 경우가 많다. 제2의 취업은 선택이 아니라 삶의 필수라는 이야기다.

따라서 이 나이에 있는 사람들 대부분은 자녀들의 취업 스펙에 돈을 쓰기보다는 부모 자신이 교육을 받아야 하는 이유가 더 절실하다.

특히 이들은 과거 첫 취업을 했던 시대와 지금의 취업 시장 환경이 크게 달라져 있기 때문에 시대 흐름을 읽기 위해서라도 교육은 필수인 경우가 많다.

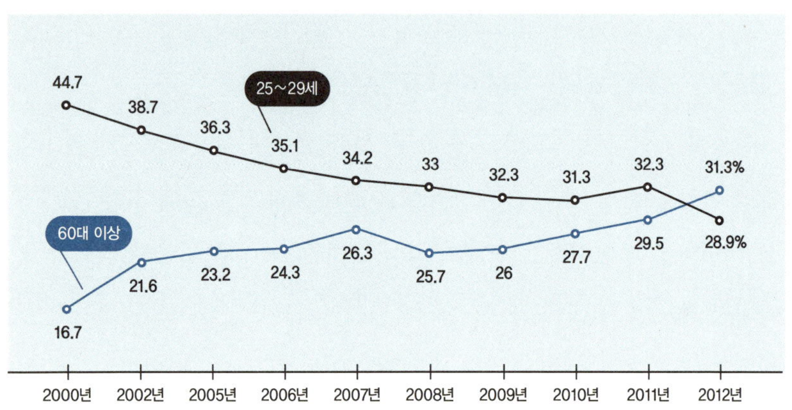

# 학력 중시 풍조와의 결별
## : 낡은 사고방식으로부터의 탈피

**대학 입시 이해할 수 없었던 아이, 학점 대신 '실적'을 선택**

1990년 생, 우리 나이로 올해 24세인 청년 CEO 강남구 씨의 경력은 화려하다. 소셜커머스 티켓몬스터 최연소 지역확장팀장으로 회사의 성장을 이끌었고, 2011년에는 그루폰코리아 현지 법인 최연소 임원으로 영입됐다. 당시 연봉은 1억 원이 넘었다. 현재 자신의 회사 아이엔지스토리ingstory를 운영하고 있는 보기 드문 청년 CEO다.

반면 그의 학력은 소박하다. '고졸'. 학교 성적은 우수했지만 왜 대학을 가야 하는지에 대한 답을 찾을 수 없었기 때문에 대학 대신 자신의 목표였던 창업을 택했다.

"좀 쑥스럽지만 제 성적은 고등학교 마지막 모의고사를 볼 당시에 전국 상위권이었습니다. 학창 시절에도 교우 관계가 좋아 초등학교 이후

한 번도 학급 반장이나 전교 회장을 놓쳐 본 적이 없어요. 사촌형이 스무 살에 창업하는 걸 봐서 저도 당연히 그래야 하는 줄 알았어요. 명함에 '대표'라고 찍힌 게 그렇게 멋있더라고요. 대학은 나중에 공부하고 싶은 게 생기면 그때 가기로 하고 창업을 준비했죠."

그렇게 마음이 시키는 대로 자신의 길을 간 강씨에게 두려움도 주저함도 없었다. 미래는 알 수 없지만 그래서 더 재미있다고 생각했다.

서울 시내 대학교들의 프린터에 사용되는 용지 뒷면에 기업 광고를 넣는 사업을 하고 있었던 강씨는 당시 막 떠오르기 시작한 소셜커머스에 관심을 갖기 시작했다. 그리고 관심사가 같은 7명과 함께 창업을 하기로 한다. '반띵이'라는 사이트 이름도 짓고 구체적인 사업 계획까지 그렸다.

그러나 소셜커머스 시장은 너무 빨리 성장했고 이미 50여 개에 달하는 비슷한 업체들이 우후죽순 생겨난 상태였다. 고민하던 강씨에게 소셜커머스 업계 1위였던 티켓몬스터<sup>이하 티몬</sup> 신현성 대표가 손을 내밀었다. 강씨는 스카우트 제의를 받아들이고 직원이 채 10명도 되지 않는 그곳에서 인턴 생활을 시작했다.

"처음 입사했을 때는 보험도 없고, 급여도 없이 일을 배웠어요. 나중에 직원수가 800명이 넘을 때까지 일에만 전념했어요."

결과는 노력을 배신하지 않았다. 매번 세일즈 1위를 차지한 강씨의 능력을 인정한 회사는 지역확장팀 총괄팀장까지 승진시켰고 한도 무제한의 법인카드와 회사 차를 지급하는 등 초특급의 대우를 해줬다.

승승장구하던 그에게도 고민이 생겼다. '지금은 안정적이지만 이 자리에서 계속 안주해도 되는 걸까?' 하는 불안감이 생겼던 것이다.

252

결국 그는 2011년 그루폰코리아로 자리를 옮기게 된다. 49개국 그루폰 현지 법인 최연소 임원으로 연봉은 1억 원이 넘었다. 그러나 초반에는 고전을 면치 못했고 사뭇 다른 회사 분위기에 회의감이 들기도 했다. 아직까지 학벌주의가 남아 있는 사회에서 고졸인 강씨가 고속 승진해 임원급의 연봉을 받는 것이 직원들 눈에 곱게 보였을 리 없다.

강씨는 '만 21세에, 대학도 안 나온 사람이 다른 임원진보다 연봉까지 높으니까 그곳에 있는 명문대 출신이나 나이 많은 사람들, 경험 많은 사람들이 어떻게든 훼방을 놓고 텃세를 부리더라'고 당시를 회상했다.

이를 계기로 강씨는 결국 2013년에 'ingstory<sup>아이엔지스토리</sup>'를 창업한다. ingstory는 강씨처럼 자기만의 '스토리'를 위해 현재를 살아가는 20대들의 이야기를 10분 이내의 다큐멘터리로 제작해 온라인에 공유하고, 인터뷰 내용을 e북 콘텐츠로 제작하여 보여 주는 회사다. 인터뷰 전문을 따로 묶어 책으로도 출간하며 청소년과 대학생 대상 강연회 등의 재능 기부도 하고 있다.

동영상 촬영, 인터뷰, 책 출간, 페이스북 페이지와 블로그 운영, 직원 월급까지 생각하면 적지 않은 자본이 들 것이라 생각하지만 아이엔지스토리는 모두 재능 기부로 운영되고 있다. 직원의 월급 역시 재능 기부다.

강씨는 '같은 시대를 사는 20대 친구들에게 20대의 이야기를 들려주고 싶습니다. 그들이 하는 일이 성공할지 실패할지 아직 아무도 모르지만 서로 공감하고 소통한다면 미래 개척은 더 쉬울 것 같아요'라고 말했다.

## 공고 출신이 현대자동차 사무직 신입사원 됐다고?

버스 정류장의 노선도에 직접 방향 표시를 하고 다녀 이름을 알린 '화살표 청년' 이민호 씨[24]가 현대자동차에 취업했다.

이민호 씨는 2013년 3월 〈아시아투데이〉와의 인터뷰를 통해 '지난 월요일(2월 25일)부터 현대자동차에 입사해 출근하고 있다'고 밝혔다.

이민호 씨에 따르면, 현대자동차 인사팀 상무는 TV에 이민호 씨가 '화살표 청년'으로 출연한 것을 보고 직접 전화를 걸어 '정식으로 전형을 거쳐 보자'고 제안했다. 이후 인적성 테스트와 면접을 거쳐 현대자동차의 기업사회공헌(CSR) 기획팀에 합격했다.

이씨는 2011년 버스 정류장에 설치된 노선도에 버스 운행 방향이 누락되거나 훼손된 것에 불편함을 느껴 스스로 자전거를 타고 다니며 빨간 화살표 라벨 스티커를 붙이고 다녔다. 이 소식이 SNS를 통해 알려졌고 많은 누리꾼들은 그의 자발적 시민 행동에 박수를 보냈다.

〈KBS 스페셜〉, tvN의 〈리틀빅히어로〉 등 각종 미디어에서 '화살표 청년'이란 타이틀을 붙여 그의 사연을 방송했다. 박원순 서울시장도 소식을 듣고 그를 초청해 정책 제안을 들었다.

이씨는 '우연하게 연락이 왔을 땐 놀랐다. 입사한 지 얼마 되지 않아 긴장 상태'라고 얼떨떨한 마음을 감추지 못했다. 그는 '일적으로도 그렇지만 개인적으로 할 수 있는 봉사 활동 같은 것을 계속 시간이 날 때마다 하고 싶다'며 입사 후에도 사회 참여 활동을 계속할 것임을 전했다.

한편 이씨는 공업고등학교를 졸업 후 국가평생교육진흥원(학점은행)에서 멀티미디어 전공 전문 학사 과정을 이수했다. 〈아시아투데이〉 2013. 3. 5 지면 게재 기사

## 현대자동차를 반하게 한 '스토리', 어떻게 만들었나

공업고등학교를 졸업하고 학점은행에서 학위를 이수한 청년이 국내 최고로 꼽히는 현대자동차의 사무직에 채용된 사실은 기사 보도 후 구직자들과 학부모들 사이에서 큰 이슈가 됐다.

이씨가 처음부터 대기업 입사를 목적으로, 사람들에게 주목받고자 화살표 붙이는 일을 시작한 것은 아니다. 이씨는 '그렇게 사람들이 생각한다면 저는 억울하죠'라며 웃었다.

이민호 씨가 굳이 왜 이런 일을 시작하게 됐는지, 그의 어떤 면이 콘크리트보다 강한 한국 사회의 학력지상주의와 대기업 간부들의 보수적 사고를 돌려놨는지, 현대자동차를 반하게 한 이민호 씨의 '진짜 이야기'를 들어보자.

### ||| 화살표 청년의 진심에서 시작된 행동

스물세 살 이민호 씨는 당시 공업고등학교 졸업 후 국가평생교육진흥원의 학점은행과정으로 전문 학사 과정을 밟고 있는 상태였다. 어렸을 적부터 방향 감각이 무뎠던 그는 많은 시민들이 같은 문제로 시내버스 이용에 불편을 겪고 있다는 것을 알게 됐다.

"학생, 여기서 120번 타면 '휘경시장'으로 가는 거 맞제? 내가 그쪽에 가야 되는디…… 어디로 가야 하는지 모르겠네."

상암동의 한 버스 정류장에서 만난 할머니가 이씨에게 다가와 물었다. 당장이라도 친절히 가르쳐 주고 싶었지만 이씨가 이런 질문에 바로 답하기란 쉬운 것이 아니었다.

‘나처럼 버스 방향을 몰라 고생하는 사람이 많구나. 스마트폰을 이용하는 학생들은 조금 낫겠지만 그래도 이런 표지판은 아직도 많은 시민들에게 불편한 것이 틀림없어.’

안타까운 마음에 이씨는 그 길로 다산콜센터 120에 전화를 걸었다. ‘내가 하지 않아도 누군가는 고쳐야 할 일’이라고 생각해서였다. 그러나 돌아오는 답변은 답답하기만 했다.

“어디에 있는 무슨 정류장이라고요? 광역버스인가요? 정류장 ID가 뭐죠? 사유를 정확하게 말해 주세요.”

때로 ‘경기버스’ 노선에 대해 민원을 넣을 때면 서울시와 경기도 관청에서는 서로 ‘상대 쪽 관할’이라며 업무를 미루기 바빴다. 침착하게 하나하나 설명해 봤지만 ‘행정 처리에 28일이 걸린다’는 말을 듣고 민호 씨는 온몸의 힘이 쭉 빠져 버리고 말았다.


||| 28일 동안 기다리라고요? 차라리 제가 할게요!

“자전거 타고 다니면서 내가 직접 방향 표시하면 고작 10초밖에 안 걸릴 것 같은데?”

패기 넘치는 스물셋 청년의 무모하지만 아름다운 도전은 그렇게 시작됐다. 이씨가 가진 거라곤 건강한 신체, 자전거, 그리고 작은 스티커뿐이었다. 하지만 그것으로 충분했다.

이씨는 자전거를 타고 빨간색 화살표가 그려진 라벨 스티커를 일일이 버스 정류장을 찾아 다니며 확인하고 붙였다. 그 과정에서 대중교통의 개선점에 대해서도 더 잘 알게 됐다.

방향 표시가 안 된 것뿐 아니라 정상적으로 운행되는 버스의 번호가 누락돼 있는 노선도도 있었다. 바뀐 번호가 바뀌지 않고 표시된 경우, 운행 중단된 버스 노선이 그대로 표시된 경우도 많았다.

장애인이나 노약자에 대한 배려가 되어 있지 않는 것은 물론, 한국을 찾은 외국인 관광객들에게도 불편한 상태였다. 한국에 사는 모든 사람들의 발을 불편하게 만드는 상황이었지만 누구 하나 나서서 고치려 하지 않고 있었다.

그럴수록 이씨는 한 곳이라도 더 방향 표시를 하기 위해 자전거 페달을 꾹꾹 눌러 밟았다. 그러기를 몇 개월, 이씨를 알아보고 응원의 말을 건네는 시민들이 하나둘 생겨났다.

전혀 모르는 시민들이 칭찬 한마디를 건넬 때면 민호 씨는 힘이 솟았다. 그런 날에는 다섯 곳이든 열 곳이든 정류장을 더 돌았다. 비가 오면 우비를 쓰고 돌았고, 밤에도 바람을 쐬일 겸 돌았다.


||| '저도 돕겠습니다' 서울 시민 서포터즈와의 만남

이씨가 우연히 시작한 이 일은 인터넷 커뮤니티와 소셜네트워크서비스SNS를 통해 알려졌고 반응은 뜨거웠다. 자발적인 시민 활동을 하고 있는 이 젊은 청년에게 누리꾼들은 박수를 아끼지 않았다. 이 무렵 이씨에게는 '만나고 싶다'는 전화 한 통이 걸려온다.

"디자인을 전공하고 있는 대학생이에요! 티브이와 인터넷에서 이민호 씨 기사를 보고 감명을 많이 받았어요."

"얘기 많이 들었어요! 저는 건설환경공학과에 재학 중인 박지원이라고 해요!”

“관광을 전공하는 이영희라고 해요. 우리가 살아가는 삶터인 서울을 바꾸는 일, 저도 열심히 해 볼래요!”

수화기 너머로 한 무리 대학생들의 목소리가 들려왔다. 그들은 이씨의 활동에 관심을 가지고 함께하고자 하는 ‘유네스코 디자인 창의도시_서울 시민 서포터즈’였다. 10개조 총 100명으로 이뤄진 그들은 자신들의 작은 디자인 아이디어가 서울 시민의 삶을 바꿀 수 있다는 생각으로 활동 중이었다. 그러다 이씨의 사연을 접하고 함께하고자 연락한 것이었다.

서포터즈들은 이씨와 함께 광화문과 강남역 일대를 돌며 서울시의 상징 ‘해치’ 모양의 화살표를 노선도에 붙였다. 자신이 사는 동네 버스 정류장에 해치 화살표 붙이고 인증샷을 올리는 캠페인도 벌였다.

이에 그치지 않고 전공을 살려 다른 분야의 사회 개선 활동에도 앞장섰다. 인도와 차도의 구분이 불명확하고 차량 통행이 많아 위험했던 종로구 부암동 서울 성곽 일대를 직접 걸으며 ‘시민을 위한 안전 걷기 지도’를 만들었다. 낙후된 쪽방촌을 방문해 이슈화하고 시민단체와 협력해 동네 쉼터 조성을 위한 답사 활동도 했다.

“처음에는 단순히 같이 활동하는 것에 의미를 두었지만, 이씨를 직접 만나면서 열정과 에너지를 많이 받았어요. 보여 주기 식이 아니라 진심으로 시민들이 편의를 느끼길 바라며 방향 표시에 열심히 참여했어요. 즐겁게 활동하다 보니 어느 순간 이씨도 ‘화살표 청년’이 아닌 또래 친구로 다가오더군요. 의미 있는 경험과 에너지를 공유하게 되고 좋은 친구도 사귀어서 참 행복합니다.”

이민호 씨를 통해 '참여와 행복의 에너지'가 전파됨을 느꼈다는 서포터즈 조장 박지원 씨[25]의 말이다.


||| 행복 바이러스, 서울시 조례도 개정

평범한 청년 이민호 씨는 서울시도 움직이게 했다. 이씨의 활동상을 담은 트위터 내용은 우연히 박원순 서울시장에게 전달됐다. 박 시장은 '원순 씨의 서울이야기'라는 정책 제안 자리에 이씨를 직접 초대해 대중교통에 대한 이야기를 들었다.

그 결과 2012년 7월 13일 '버스 관련 시민 제안 및 주요 민원 사항' 서울시 조례는 개정됐으며 '시내버스 차량 개선 및 안전성 제고에 관한 사항' '시민 모니터단에 대한 조례'도 신설됐다.

민원 처리 시간은 28일에서 7일로 줄었고, 서울시 버스 전체 노선 보수 및 디자인 개편도 2014년 하반기까지 하기로 했다.


||| "정말 행복해졌어요, 사람들이 없었으면 못했을 거예요"

이민호 씨가 이 일을 시작하게 된 계기는 '사람들의 불편함'을 해소하기 위함이었다. 지칠 때마다 다시 힘이 나게 한 것도 '사람들의 응원'이었다. 도와주겠다고 나선 이들을 만날 때는 '함께해서 더욱 행복했다'고 고백했다.

"제 사소한 행동에 이렇게 많은 분들이 반응하시고 좋아하실 줄은 몰랐습니다. 제가 이 일을 했던 이유 중 하나가, 학점은행 과정을 밟다 보니 친구보다는 주로 혼자 있는 경우가 많기 때문이에요. 그래서 심적으로 우울해져 있어 밖으로 나가야겠다는 생각이 있었는데 지금은 되게 많이 행복해졌어요. 아주 많이요. 저의 작은 행동에서 비롯된 긍정적인 나비 효과들을 보며 지난 2012년은 잊을 수 없는 한 해가 됐네요."

이씨는 이러한 과정을 겪은 지난 2012년을 '꿈만 같다'고 표현했다. 이씨의 머리에 스친 작은 생각과 그것을 행동으로 옮긴 용기는 마치 바이러스처럼 모두를 '행복하게' 만들었다.

이씨는 이 일뿐 아니라 실제로 치매 노인을 돕는 봉사 활동도 열심히 하고 있었다. 현대자동차는 이런 그의 품성을 단박에 알아보고 스카우트했다고 해도 과언이 아니다. 학벌 사회가 조금씩 무너지고 있는지도 모른다.

# '교육열'이라는 늪에서 벗어나는
# 에듀푸어 출구 전략

　개천에서 용이 나는 시대는 지났다고들 한다. 내신 중심의 입시 체계가 되니 부유한 학부모는 고가의 컨설팅을 받아 자녀를 지방 고등학교로 보낸다. 내신 등급을 올릴 수 있기 때문이다.

　경험을 중시하는 분위기로 바뀌니 돈을 들여서 아프리카로 봉사 활동을 보낸다.

　부모의 경제력이 자식들의 등수가 되고 등수대로 세워진 아이들은 그 순서대로 사회로 나가, 또 같은 등수대로 사회에서 서열을 차지한다.

　부자 부모의 자녀는 더 부자가 되고 가난한 집 자녀는 그 가난을 되물림 받는다. 부자 부모는 자녀들에게 손을 벌리지 않아도 될 만큼의 재산이 있어 노후를 알차게 보내고 가난한 집에서는 자식도, 부모도 돈을 벌지 못해 더욱 빈곤해지는 악순환이 계속된다.

　이처럼 우리나라의 교육 문제는 교육만의 문제라기보다는 사회 분배 구조 및 양극화 문제와 밀접한 관계를 맺고 있다. 그 악순환의 고리를 끊기 위해서는 우선 사회 구조부터 바꿔야 한다.

## 사회 구조적 문제와 맞물린 교육 · 노후 문제

그런데 우리 부모들은 사회 구조를 바꾸는 대신 노후 자금까지 탈탈 떨어서 자녀들을 조금 더 높은 등급에 올리기 위해 올인한다. 그러나 모든 것을 올인해도 상위층으로 가기에는 턱없이 부족하고, 급기야 자신의 노후와 자녀들의 인생까지 엉망으로 만드는 경우가 허다하다.

하루빨리 국가에서 이런 구조를 바꿔 줘야 한다. 수학 공식 하나 더 외울수록 더 좋은 대학에 가고, 좋은 대학에 가면 좋은 직장이 바로 보장되는 구조에서, 어떤 능력을 가지고 있는지에 따라 평가받는 사회로 바뀌어야 한다.

그 능력은 돈이 있는 사람만이 아닌 누구나가 배울 수 있는 시스템이 돼야 한다. 그런 의미에서 북유럽의 모델은 우리가 한번쯤 생각해 봐야 할 사회 구조다.

이들 나라는 국민 모두가 원하는 만큼 교육을 무상으로 제공받는다. 유치원에서 박사까지 원하는 수준까지 경제적 근심 없이 교육 받을 수 있다. 물론 일터에 나가는 순간부터는 세금을 납부하는 방식으로 갚아야 한다. 이렇게 되면 적어도 출발부터 불평등한 우리 사회의 구조적 문제점은 일부 해결될 수 있다. 이런 모델을 우리 사회에 적용하기 위해서는 우리 실정에 맞게 방법을 달리해야 하겠지만 의미 있는 대안이 될 수 있다.

최근 우리 정부가 추진하고 있는 정책들도 사회 구조를 바꾸는 첫 발판이 될 수 있다. 얼마 전 고용노동부가 발표한 한국형 일 · 학습 듀얼 시스템<sup>이하 '듀얼 시스템'</sup>은 대학 진학 대신 취업을 선택해 기업 현장에서 실무 교육을 받으면, 대학 학위나 자격을 취득할 수 있는 제도다. 이는 독일을 기술 강국으로 만든 핵심 교육 제도인 '듀알레<sup>Duales system</sup> 시스템'을 우리나라 실정에 맞도록 변형한 것이다. 독일은 듀알레 시스템 덕분에 청소년의 55%는 대학에 진학하지 않고 직업 훈련 과정을 선택한다. 학생들이 불필요한 스펙을 쌓지 않고도 이른 나이에 안정적인 직장을 얻는 산학 연결 구조다.

부자 부모를 두어 명문대에 진학해야만 좋은 직장에 가는 것이 아니라 고등학교 때부터 자신이 갈 직장을 선택해 일하면서 직업에 필요한 지식을 함께 배우는 것이다.

## 학벌지상주의 벗어나 노후가 행복한 사회로 전환

기술이 무기가 되어, 언제 어디서나 원하는 직장을 가질 수 있고, 맘껏 실력 발휘하며 경제적 이익을 얻을 수 있다면 부모들의 등골 휘는 교육비 부담도 한결 줄어들 것이다. 이래야만 우리 부모가 미리 준비한 노후 자금으로 인해 행복하고 윤택한 생활을 영위할 수 있다.

이렇게 사회 구조 자체를 전환하는 시스템 도입이 성공한다면 사람들의 인식도 곧 변할 수 있을 것이다. 수억 원의 돈을 들여 명문대에 들어간 후 좋은 직장에 취직한 학생이나 고등학교만 졸업했어도 유용한 기술 하나로 좋은 직장에 자리 잡는 학생들이 동등한 위치에서 생활한다면 어느 부모가 무리해서 자신의 인생까지 올인해 가며 자녀를 명문대에 보내려 안간힘을 쓰겠는가.

그를 위해서는 이런 구조가 잘 정착될 수 있도록 부모들이 적극적으로 나서고 참여해야 한다. 인식을 변화시키는 것도 중요하다. 사회가 이런 시스템을 만들어 주면 그것을 정착시키는 것은 우리 몫이라는 것을 유념해야 한다. 하루빨리 그런 사회로의 패러다임 전환이 이루어졌으면 하는 마음 간절하다.

이 책이 그런 건강한 사회로의 전환을 이루는 데 조금이라도 기여할 수 있기를 기대해 본다.